丰子恺插图本

猫博士的作文课

胡怀琛 著

人民文学出版社

图书在版编目（CIP）数据

猫博士的作文课：丰子恺插图本／胡怀琛著；丰子恺插图．－－北京：人民文学出版社，2024
ISBN 978－7－02－018654－9

Ⅰ．①猫… Ⅱ．①胡… ②丰… Ⅲ．①作文课－小学－教学参考资料 Ⅳ．① G624.243

中国国家版本馆 CIP 数据核字（2024）第 086108 号

责任编辑	李玉俐
装帧设计	黄云香
责任印制	张　娜

出版发行　人民文学出版社
社　　址　北京市朝内大街166号
邮政编码　100705

印　　刷　三河市中晟雅豪印务有限公司
经　　销　全国新华书店等

字　　数　85千字
开　　本　880毫米×1230毫米　1/32
印　　张　7.875　插页3
印　　数　1—8000
版　　次　2024年9月北京第1版
印　　次　2024年9月第1次印刷

书　　号　978-7-02-018654-9
定　　价　45.00元

如有印装质量问题，请与本社图书销售中心调换。电话：010-65233595

目录
CONTENTS

出版说明　　001

一　作者自己的介绍　　001

二　猫博士第一次上课　　005

三　监察作文及发现抄袭　　011

四　这条鱼是谁画的　　017

五　"没有完全"和"完全没有"　　021

六　公鸡闹笑话　　027

七　一个骑马的人　　031

八　"些"字　　039

九　余屋分租的招贴　　047

十　　非……不可	055
十一　星期日的日记	063
十二　兔子的家规	069
十三　小狐狸作诗	073
十四　公鸡得奖赏	077
十五　读得出，写不出	083
十六　我对练习的失望	089
十七　两个"不"字互相抵消	093
十八　四个"不"字的笑话	097
十九　可是	103
二十　去年的成绩	111
二十一　七十七	117
二十二　我的志愿	123
二十三　预备怎样过寒假	133
二十四　寒假后开学的第一天	139
二十五　怎样把古文翻译为白话文	145

二十六	公鸡与狐狸的寒假生活	151
二十七	相似字	157
二十八	校长的警告	163
二十九	教员不一定是猫博士	169
三十	"如"和"是"	175
三十一	怎样描写一枝桃花	183
三十二	我不该添上一大段	187
三十三	谁的家	193
三十四	和人类互助	201
三十五	用数字要斟酌	207
三十六	"几"字的用法	213
三十七	"几"字的又一种用法	219
三十八	怎样把长文缩短	225
三十九	再缩短一些	231
四十	一天,两天……	235
四十一	四季诗	241

脱帽子的猫先生

出版说明

本书于1933年由上海少年书局初版，是专门写给小学生的作文教辅，诞生近百年来常销不衰，对于当下的小学生作文仍具有很强的实践指导作用。本版充分考虑目标读者的阅读接受水平，对文中较难的字加注汉语拼音；每一章前加"提要"，章后增设"思考与启迪"，引导学生及时巩固所学内容；配有多幅丰子恺与猫相关的漫画插图，图文并茂。

一

作者自己的介绍

如果读过《伊索寓言》，便可以知道：熊也会说话，狼也会说话，蛇也会说话，鸡也会说话，所有的动物都会说话。而且，所有的动物都能有思想，都能做事。如此看来，猫博士教作文，真是极普通的一件事，一点儿也不奇怪了。

读者诸君！你们见了这个题目，也许觉得有点儿奇怪。为什么猫也称起博士来了呢？为什么猫也会教作文呢？其实，这件事毫不为奇。诸君读过《伊索寓言》吗？如果读过《伊索寓言》，便可以知道：熊也会说话，狼也会说话，蛇也会说话，鸡也会说话，所有的动物都会说话。而且，所有的动物都能有思想，都能做事。如此看来，猫博士教作文，真是极普通的一件事，一点儿也不奇怪了。

先生是猫博士，学生是谁呢？是一只鸽子，一只公鸡，一只兔子，一只小狗；我自己也是学生之一，是一只小羊。鸽子、公鸡、兔子、小狗，都是我的同学，都是我的朋友。

我们的先生也不止一位，但是其他先生都没有猫博士那样好。猫博士学问渊博，性情温和，而且十二分地热心教育。本来作文一课，是十分困难的，是十分枯燥无味的；鹦鹉先生也担任过我们的老师，麻雀先生也担任过，但学生们一见到他们来上课，就有些头痛，因此作文一课，便一点儿成绩也没有。

我们的校长鹅先生，觉得再这样敷衍（fūyǎn）下去，是不行的。倘若这样一年一年地敷衍下去，大家转眼就毕业了。学生们小学毕业出来，普通的文章还写不通，这真不成话。

鹅先生感觉到，作文是极重要的一门功课，不得不请一位高明的先生来教授。好了！他果然请来了这位猫博士。

猫博士的教法真不差，我们跟着他学习作文，没有多长时间，居然大有进步。而且我们上课时，都觉得很

有兴趣，一点儿也不头痛。

在猫博士第一次来上课时，我就感觉到特别有兴趣；下了课以后，我就把他的话记了下来。后来每次上课，都是如此。一天，一天，积累多了，就成了这本拙作。现在把它印出来，和读者共赏。不过我在初写时，中间还有许多不通的地方，后来慢慢进步，不通的地方也就少了，于是又把从前的不通处细细地修改了一下，总算是勉强通了。如再有什么不妥（tuǒ）的地方，还请读者指教！

思考与启迪：

你读过《伊索寓言》吗？其中与猫相关的故事有哪些？从中能获得哪些启示？

二

猫博士第一次上课

说话是把自己的意思说给人家听,作文是把自己的意思写给人家看,是一样的重要。

猫博士第一次来上课时,穿了一套半新的西装,可脚下穿的却是中国式的鞋,头上戴的是中国式的瓜皮小帽,左边眼睛罩了眼镜,右边却没有。我们见了这样的情形,都禁不住暗暗发笑。后来下了课,鸽子对我们说:"这是猫博士特别的脾气。因为他只要觉得穿在身上适意,不管穿什么都好。他不喜欢穿长袍子,所以他着西装;他又嫌西装的皮鞋太硬了,很不舒服,西装的帽也不方便,所以鞋和帽都采用中国的服饰。他的左眼有些近视,但是右眼却不近视,所以他只罩了一只眼镜。"虽然听了鸽子替猫博士这样做的解释,但我们还是忍不住笑。不过,一天,两天,慢慢地看惯了,便不觉得奇怪,也不觉得好笑了。

猫博士上课时,点完了名之后,就回转过身来拿起粉笔在黑板上写出题目。我们大家心里都"啪啪"地跳,不知道他要出个多么难的题目来。谁知等他写完了,我们一看,却只见七个大字:

今天暂不做作文

于是我们大家的心都定了。只默默地看猫博士吩咐我们做什么事。猫博士捋(lǔ)了捋胡须,慢慢地说道:"今天暂不作文,先问你们几个问题。"于是我们又慌了,不知他要问出什么难以回答的问题来。但也没有法子,我们只好静静地听他说。

猫博士指着兔子问道:"兔儿!你会说话吗?"

兔子道:"先生!我会说话。"

猫博士又问:"倘若你不会说话,是怎样呢?"

兔子道："倘若不会说话，那就是哑巴。哑巴真苦！"

猫博士问："你会作文吗？"

兔子摇摇头不作声，是表示不会的意思。

猫博士道："你不会作文吗？你要知道，说话是把自己的意思说给人家听，作文是把自己的意思写给人家看，是一样的重要。你若不会说话，你就是哑巴；你若不会作文，岂不也是哑巴？你需要写时不能写，真同需要说时不能说，是一样的痛苦。"

兔子闻言，好像有些羞愧的样子，涨得满面通红，几乎和他那一双眼睛一样红。

猫博士又捋了捋自己的胡须，然后很和气地说道："兔儿！不要怕羞！你现在不会作文，是不要紧的。只要你学个一年半年，你就会了。比如你说话，你是一出生就会说的，还是学会的？你小时候不会说话，现在学会说话了；你现在不会作文，只要肯学，没有学不会的。"

兔子听见猫博士这样说，心里才安慰了一些。同时，那公鸡、小狗、鸽子也都感觉到作文的重要。

这时候，鸽子站起来问道："猫先生！我作文会做得通吗？"

猫博士向他望了一望，说道："做得通！我包你做得通！况且你在动物中间也是很聪明的，几百里路，飞了出去，认得飞回来的路，难道你学作文还学不会吗？"

鸽子听了，很欢喜地坐了下去。

猫博士又把其余的学生逐个勉励了一番。大家都觉得很快乐，虽然意识到作文是多么的重要，不可不用心，却也相信自己能够成功，一点儿也不悲观。即便最笨的我，也是如此想的。

不多一刻，下课钟响了，猫博士就下了课。我们这一课，虽然没有作文，却感觉获得了不少益处。

思考与启迪：

为什么猫博士认为作文和说话一样重要？作文和

说话相比,有什么优势?

尝试把你开学第一课想说的话用文字的形式呈现出来吧。

三

监察作文及发现抄袭

"你们各自把自己所爱的东西写出来。不必做得怎样好,先要做得通顺。不必做得怎样长,只要做得切实一点儿,不可说空话。"

第二个星期,猫博士来上作文课,先在黑板上写了一个题目:

我所爱的东西

写好了,又对我们说道:"这个'我'字,是指你们自己。你们各自把自己所爱的东西写出来。不必做得怎样好,先要做得通顺。不必做得怎样长,只要做得切实一点儿,不可说空话。"猫博士把这话说完了,便不开口了,只默默地坐在自己的座位上,一动也不动。但是一双眼睛不住地望来望去,总是巡视着我们。

我们正在低着头想的时候，忽然听见"吱吱吱"的一阵老鼠叫的声音。我们一听，都觉得很奇怪。猫博士坐在上面，老鼠怎么敢公然出来呢？我们正在惊疑着，只见猫博士已走下座位来，找到一个今天新来的同学——一只小狐狸。

猫博士提着他的耳朵问道："是你在装老鼠叫吗？"

小狐狸道："不是！"

猫博士道："我亲眼看见你装老鼠叫的，你还说不是吗？况且你的心事，我也知道，你想用老鼠引动我，让我去捉老鼠，这时你便好乘机和旁的学生说话。"

小狐狸闻言，才无话可说。猫博士见他如此，也不多责备他，只劝他好好地用心作文。

时间过得真快，不知不觉，四十分钟过去了，同学们大半已交了卷子，走出课堂，可是我还没有写一个字。我不知为何，今天的脑筋格外地钝，一句话也想不出。但是我脑筋里却深深地印着一个抄袭（xí）的概念。因为

我昨天在我的邻家猴子伯伯那边读了他的一篇杂记,它中间有几句话,我觉得可以把它照抄在这里。自从有了抄袭之念,我自己便越发想不出一个字了。到了最后,我还是实行了抄袭的方法,依样画葫芦地抄了一大段:

我所爱吃的东西是水果。就是有壳的果子我也能剥。栗子,长生果,都是我所爱的,虽然它们都有壳。我最爱爬树,却不喜欢常常在地上。

我就这样抄完了,觉得很好,没有不通的地方,就拿去交了卷。

下一次猫博士上课,把上次的作文课课卷都带来了,一篇一篇发还给我们。鸽子、公鸡都领到了课卷,之后便轮到我。只见猫博士唤着我道:"羊儿! 过来! 我问你:你的作文是抄来的吗?"

我听猫博士这样一说,吓得说不出话来。心里暗想:

的确是抄来的，但是猫博士何以能够知道？他又不是神仙，为什么能知我的作文是抄来的？我虽已站起身来，却不知如何回答，只是呆呆地望着他不发一言。

猫博士却把我的那篇作文宣读了一遍，然后说道："就作文而论，是很好的。然而都不是你自己的口气。你只爱吃草，是不爱吃果子的。你只会在地上跑，是不会上树的。你怎么这样说呢？如此看来，这篇作文像是猴子做的，不知如何被你抄了来。你要知道，抄来的作文只是人家的作文，不是自己的作文，根本要不得！"

我听了他这番话，才佩服猫博士的眼光精锐，见解高明，自己只能认错了。旁的同学都笑我，却佩服猫博士。

思考与启迪：

你知道作文中借鉴与抄袭的区别吗？

小羊照搬了猴子的文章，闹出了与自身情况不符的笑话。请结合自身实际，举例谈谈你对借鉴的看法。

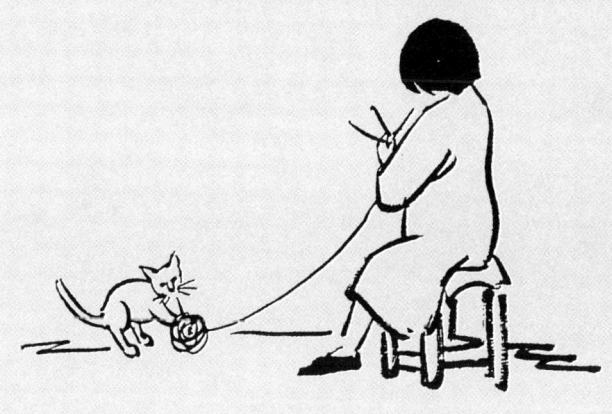

四

这条鱼是谁画的

"把'一个'二字,代'许多'二字,这句文通吗?"

　　自从我抄袭猴子伯伯的文章被猫博士发现后,我们许多同学都很担心,不敢抄袭成文了。我们平时聚在一块儿,往往谈论这件事。

　　鸽子说:"这样也好。从此以后,我们的课卷中,'人生于世'这样的老调,可以减少一些了。"

　　小狗道:"不过苦了我们,字字都要自己创造,不能抄袭一字,岂不是太苦了吗?"

　　狐狸道:"猫博士这样把羊兄来为难,我代他抱不平,让我想个法子报复他。"

　　大家你一句,我一句,这样不负责任地谈着,谈过了,也就忘记了。却不料过了几天,狐狸果然施行起报复来。

那一天，在猫博士上作文课之前，狐狸先拿粉笔在黑板上画了一条鱼。他预备着当猫博士质问"这鱼是谁画的"时，他就可以大发议论了。不多一刻，上课钟响了，猫博士走进课堂，看了看黑板上的鱼，好像毫不觉得有什么，只管和平时一样地讲作文法。

猫博士在黑板上写了一行字：

许多同学都很用功读书

另外写一行道：

一个　这个　有一位　那一位

然后他问我们："把'一个'二字，代'许多'二字，这句文通吗？"我们大家不作声。猫博士代我们答道：

"不通。因为上面如说'一个',下面就不能用'都'字。"

猫博士说罢,又指着黑板上的"这个""有一位""那一位",细细地向我们发问,替我们解释。

这时候小狐狸本有满肚子的议论,却无机会发表。他忍耐,忍耐,实在忍不住了,便突然站起来对猫博士道:"先生! 这黑板上的这条鱼不是我画的啊! 因为我不喜欢吃鱼。想起来是喜欢吃鱼的画的。"

猫博士道:"奇极了! 我并不曾说是你画的,你何必要声明? 现在如此,恰好证明是你画的。"

狐狸无话可答,只好懊丧地坐了下去。猫博士又说了些关于作文的话,才下了课。

思考与启迪:

"一个"和"都"搭配合适吗?

你会准确地使用表示数量的词汇吗?

五

"没有完全"和"完全没有"

"你们记好！这四个字是相同的，但是顺序颠倒过来，意思便是两样。"

过了一个星期,又轮到猫博士来上作文课。在这堂课的前一课是猴先生的算术课,猫博士来上课时,兔儿还在做算术,还有两道题没有做完。兔儿对猫博士道:"猫博士!我的算术还没有完全做好,能不能让我今天不作文?"

猫博士好像没有听清楚,问道:"兔儿!你说什么?"

兔儿重说了一遍道:"我的算术还完全没有做好,能不能让我今天不作文?"

猫博士想了一想,说道:"兔儿!你先说'还没有完全做好',现在又说'还完全没有做好'。我问你,'没有完全'和'完全没有'是不是一样?"兔儿答道:"一样！"猫博士摇摇头道："不一样！"

这时兔儿觉得很奇怪，呆呆地望着猫博士，一句话也说不出来。我们大家也都觉得很奇怪：为什么这两句话不是一样的呢？大家都默默地望着猫博士，看他怎样解释。

却不料猫博士反而吩咐我们道："今天就拿这两句话做个作文的题目吧！你们听我说，现在有三颗果子，已经吃了两颗，还有一颗没有吃。叫你们做一句文，是说'完全没有吃'呢，还是说'没有完全吃'呢？"

我们大家听了，各照自己的意见答复，有的这样说，有的那样说。最后猫博士才叫我们停止发言，让他解释给我们听。他说："在这里说'没有完全吃'是对的，说'完全没有吃'是错的。"说着，他又在黑板上写了两行字：

没有完全

完全没有

他又指着这几个字对我们说道："你们记好！这四个字是相同的，但是顺序颠倒（diāndǎo）过来，意思便是两样。你们说话很容易弄错，作文也很容易弄错。但你们必须把它认清楚，知道在什么地方应该怎样说。比如三颗果子，吃了两颗，应说'没有完全吃'；三颗果子，一颗也没有吃，应该说'完全没有吃'。你们记好！不要弄错了。"

猫博士这样解释完，又对我们说道："现在你们各写两段短文。把'没有完全'和'完全没有'说说明白，就算是今天作文的卷子。做好了，就在这一个小时内交给我。"

于是大家都低着头作文。这时候我心里有些发急，因为时间过得快，一个小时的光阴差不多要过完了，下课钟差不多要敲响了，我的作文还一句也没有写，如何是好呢？我越是性急，便越做不出。想来想去，总想不出好的句子。而且，我心里只记着下课钟要敲响了，于是就不知不觉地把敲钟写在卷子上，写道：

> 我耳朵里还没有听见敲钟，这是完全没有敲。
> 若是我耳朵里听见正在敲钟，这是没有完全敲过。
> 若是钟声停了，就是完全敲过了。

我这样写着，自己也不知道对不对。但是我刚刚写完，下课钟便敲了。我就匆匆把卷子交给猫博士，退出了课堂。

过了几天上课，猫博士发还卷子，说我做得很好，给了我八十分，我心里很快乐。旁的同学，也有做得不错的，也有做错了的，我也管不到他们许多的事，只有公鸡的卷子最有趣，待我说来。

小母亲

六

公鸡闹笑话

"我的好公鸡啊！你的文虽然没有做错，但是不太雅观，你非重做不可。"

那天猫博士发还我们的卷子，逐个叫着我们的名字，让我们领回卷子。后来叫到公鸡，猫博士把他的卷子拿在手里，忍不住要笑起来。他含着笑对公鸡说道："公鸡！你的卷子倒是很有趣，但是不太雅。你非重做不可。"然后他把公鸡的卷子高声读给大家听：

当我在鸡蛋中的时候，我固然完全没有变成公鸡；就是我刚刚走出鸡蛋壳时，毛没有生得齐，冠没有长得高，也没有完全变成公鸡啊！

猫博士读罢，禁不住哈哈大笑起来。我们大家听了，也都忍不住笑。大家都盯着公鸡。公鸡觉得不好意思，他的鸡冠涨得格外红。

但是公鸡到底不服气，他就抗议起来，对猫博士说道："先生！我的义到底做错了没有？"

猫博士一想，倒也不能说他是做错了。只得回答他道："我的好公鸡啊！你的文虽然没有做错，但是不太雅观，你非重做不可。"

公鸡道："只要是不错，你就要给我一百分，不雅观是不要紧的。你的思想不要太旧了。"

猫博士被他问得无话可说，只好沉默了一会儿，才想出一句话来回答他道："公鸡啊！你的文太有趣了，你看！同学们听见我读，都要发笑。我劝你还是重做吧！免得他们笑话你。横竖你这样聪明，不会做不出的。"

公鸡被猫博士这样一称赞，想要卖弄自己的文才，就答应猫博士重做一篇。

下次，猫博士上课，公鸡补交的卷子上面写的是：

在我没有啼的时候,天完全没有亮;在我初啼了一声的时候,天还没有完全亮。

猫博士一看大喜,连声称赞他做得好,立刻给了他一百分。

思考与启迪:

请用心体会全部否定与部分否定的区别。

仿照公鸡补交的句子,举几个例句说明问题。

七

一个骑马的人

"你们各自主观地去看这个人,所以羊说他是猴子,小狐狸说他是猎人,兔子也说他是猎人……其实何尝是呢?"

时间过得真快,忽然又是一星期。这一天,我们又要上猫博士的作文课。猫博士走进课堂时,我们都预备好了笔砚(yàn),坐在课堂里等。

猫博士拿粉笔在黑板上画了一匹马,还有一个人骑在马背上。他对我们说道:"你们用简单的文字把这幅图画记载下来。"猫博士说完这话,就只管坐下去,再也不说什么。

我们各自用心想着,觉得这个题目很不容易做。我起初还不懂猫博士画的是什么故事。后来忽然想起:从前猴子做把戏,那猴子穿了人的衣服,扮着一个人,骑在我们羊的背上,把羊当马。现在猫博士所画的,莫不就是这个故事?

我这样想着,心里很欢喜,不知不觉高兴起来,真如文学家所说的"文思如潮水一般涌来了",就提起笔来一口气写了好几行。写完,自己默念道:

这一匹马,就是我。骑在马背上的是一只猴子。万幸!万幸!猴子手里没有拿马鞭。倘若他拿了马鞭,尽力地打我,我就要尽力地跑。这就叫作猴子做把戏。

我念了一遍,自己觉得很高兴。抬头看看壁上的时钟,还有半小时才下课,我就把卷子放在桌上,暂时也不交给猫博士,仍是坐在自己的座位上。我回头过来,偷看了兔子的卷子,看他是怎样做的。只见兔子的卷子上写的是:

那个人就是一个猎户。他现在骑着马出去打猎。不过,我不怕他,因为他手里没有拿枪,也没有拿弓和箭,后面也没有跟着一条狗。奇怪得很!他为什么不拿枪,不拿弓,不拿箭?大概是出门时忘记了吧!他的猎狗呢?莫不是害了瘟(wēn)病吧?……

看见兔子的卷子是这样写的,我心里又觉得很奇怪!为什么兔子要说那个人是猎户呢?倘若他说的不错,那么我说的就错了。我越想越疑惑,于是又想看看小狗的卷子是怎样写的。刚巧小狗坐在我的前面,我就趁着猫博士不把眼睛望在我身上时,站起身来,伸长了颈,偷看小狗的卷子。只见他才写了一行:

这个人是出门旅行去的,所以骑了马……

奇怪极了!为什么小狗又说这个人是出门旅行

呢？我想问一问小狗，但又怕猫博士骂，不敢作声。

又过了一会儿，只听见猫博士笑着说道："是这样？我倒料不到他是你的仇人！"我听见这句话，抬头向猫博士望去。只见猫博士一手拿了一份卷子，一手捋着胡子，微微地笑。小狐狸恭（gōng）恭敬（jìng）敬站在他身边。于是我就知道，猫博士是因在看小狐狸的卷子而说的这句话。

这时候，猫博士又问道："他为什么是你的仇人呢？你想报仇，又如何报法？"

小狐狸答道："先生！不瞒你说，他是一个猎户，我的爸爸、妈妈，都是被他射死的，他岂不是我的仇人？我不应该报仇吗？"小狐狸说着说着就哭了起来。

猫博士说："原来如此，难怪你在卷子里说，他是你的仇人。但是，你要怎样报仇呢？"小狐狸回答不出，只是呜呜咽咽地哭。

正在这时，忽听见"叮！叮！叮！"打下课钟了，

于是大家都忙着交卷子。猫博士收齐了卷子，下了课。

我们都去安慰（wèi）小狐狸，叫他不要哭。兔子也说："小狐狸哥哥！他也是我的仇人。我们应该一同报仇。"兔子说罢，就回过头来，举起两只前脚打那黑板上画的人，小狐狸也跟着兔子打，打得黑板"咚咚"响。后来被校长听见了，校长走过来喝（hè）住他们，他们才走开了。但是，小狐狸和兔子都很得意，以为他们今天拷打了猎人一顿，出了他们心里的气。

过了些天，猫博士来上课，把我们的卷子都批改好了，带来发还我们。猫博士对我们说道："这一回，你们的卷子都还算好。倘若要说是错，可以说都错了；倘若要说不错，也可以说都不错。为什么呢？你们各自主观地去看这个人，所以羊说他是猴子，小狐狸说他是猎人，兔子也说他是猎人……其实何尝是呢？然而大家写的作文的文法都没有错，所以说还算好。"大家听了这话，都很欢喜。

我把我的卷子看了一看,只见上面批了九十五分,我格外地快乐。我只顾自己得意,这一课所讲的书也无心听了。

思考与启迪:

请思考一下为什么这节课猫博士对大家的作文都比较满意?

联系实际,谈谈在写作中合情合理地发挥想象力的重要性。

八

"些"字

"看见人家改正了,自然觉得不难,要你先改,你就觉得难了。世上许多的事都是如此的。"

这一次，猫博士来上作文课，他没有出题目。他只在黑板上写了一个"些"字，问我们道："你们都认识这个字吗？"

兔子答道："先生！认识的。"

小狗也道："认识。"

鸽子道："这个字是昨天在教科书上读过了的。那书上说：'那些人都是穿着白衣服。'就是这个'些'字吗？"

猫博士道："是的。既然是昨天在教科书上读过的，你们应该都认识了，不必再问了。现在我就拿这个字给你们作文。你们写一段很短的文字，要把'些'字用在里面。用一个'些'字也好，用两个三个也好。"猫博士这样说罢，就坐下去，不再说话了。

我们大家都不作声，在那里预备造句。怎样造一句话，才好把"些"字用在中间？我觉得这个题目太难了。我想了好久，也想不出如何去做。不得已，我只好把昨天在教科书上看到的那一句话略改了一下，写在卷子上：

我昨天遇见一个人，那些人穿着黑衣服。那些穿黑衣服的人骑在一匹小白马上。那些小马跑得飞快。

我这样写完，数一数，一共用了三个"些"字。我自己以为这三个"些"之中，大概两个用得不错，至少也有一个用得不错，绝不会是全错的。因为时候已不早了，我便把卷子交给了猫博士。交了卷，我就走出了课堂。

不多一会儿，鸽子也交了卷，走出了课堂。我就走上前去问他道："鸽子！你是怎样用这个'些'字的？"

鸽子把铅笔写的草稿拿给我看。只见他写的是：

"些！些！些！"这是小鸡叫的声音。因为我的邻家是一些黄母鸡。这只黄母鸡，带了五只小鸡。小鸡们这样叫，我是很喜欢听的。

我看了鸽子的草稿，不觉大声叫道："好！好！你开头那三个'些'字一定用得不错！"

这时候公鸡也已交了卷走出课堂了，听见我们在谈话，他也走过来看鸽子的卷子。看完，说道："开头三个'些'字一定是用得不错的。"

我就问道："公鸡！你是怎样做的？"

公鸡道："不必说！不必说！我一定做错了。"公鸡说罢，很懊丧（àosàng）地走开了，我们也不好再去缠扰（chánrǎo）他。

隔了几天，猫博士来上课，发还了我们的卷子。他最先叫着我说道："羊儿！你的三个'些'字，用得都不对。"我听他这样一说，心里觉得十分懊恼。为什么三个"些"字一个也不对呢？

猫博士道："你听我说，'些'字是指多数的，单数的不应该用。你前面说'一个人'，后面又说'那些人'，如何不错！你既然说'那些穿黑衣服的人'，如何又说'骑在一匹小白马上'？一匹小白马上怎样能骑得许多人？这样一来，你这第二个'些'字又用错了。上面既然说'一匹小白马'，下面又说'那些'，因而第三个'些'字也是错的。现在你明白了吗？来！来！你应该怎样改？来！你写在黑板上！"猫博士这样说着。

他先把我的原文写在黑板上，然后把粉笔递给我，叫我改正。我没法儿，只好站起身来，离开座位，走到黑板前。虽然接了猫博士的粉笔，但我仍不知如何去改。

后来还是猫博士替我改的。他把我原文中的不妥处用粉笔画了个方框,把它围住,然后在旁边改正,把"一个"改为"许多",又替我加了一个"各"字。这时候黑板上写的是:

我昨天遇见许多人,那些人穿着黑衣服。那些穿黑衣服的人各骑在一匹小白马上。那些小马跑得飞快。

猫博士道:"你懂了吗?"

我答道:"懂了! 原来是这样容易改吗?"

猫博士道:"看见人家改正了,自然觉得不难,要你先改,你就觉得难了。世上许多的事都是如此的。"听猫博士这样解释,我无话可答,便默默地回到了座位上。

猫博士又在那里批评别的同学的卷子怎样怎样不对。我觉得有点头痛,也不去用心细听,只听清了他的一句话:"鸽子拿'些！些！些！'来描写小鸡叫的声音,倒很特别,不过'一些黄母鸡'的'些'字也用错了。"

思考与启迪:

除"些"字以外,你还知道哪些表示多数的量词?试举例句说明。

说说你所知道的拟声词。

姊妹

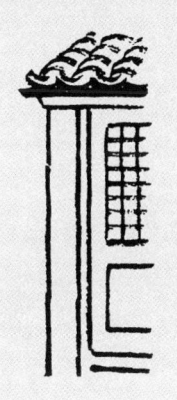

九

余屋分租的招贴

"今天试做一次应用文。假如你们自己家里住的房子尚有多余的地方,预备分租给人家,你们就要写一个招租的帖子贴在门前,或是其他相近的地方。"

这一天，猫博士的作文课，题目是：

余屋分租的招贴

猫博士道："今天试做一次应用文。假如你们自己家里住的房子尚有多余的地方，预备分租给人家，你们就要写一个招租的帖子贴在门前，或是其他相近的地方。这个招贴是很有用的。你们知道怎样写吗？你们看见过人在街头巷尾所贴的招租的帖子吗？"

听猫博士说到这里，我们答道："我们看见过的。我们也会写。"这时候，我们大家的脸上都现出快乐的神色。这是为什么呢？不消说，是觉得这个题目太容易了。我们一点儿心思都不需要用，就可以交卷，而且预料分数是必不会少的。

今天我们在这里上课，另外还有一班同学是在操场上比球。我心里想：我今天的运气真好！不到十五分钟，就可以把卷子做完了。交了卷，就可以出去看他们比球了。

我心里这样想着，手里只管写。果然，不到十五分钟，我的卷子已经做好了。我自己细细地看了一遍：

本羊栏内有余栏分租。空间宽阔，装修精美。而且门栏坚固，绝无豺狼侵凌之虞（vú，担忧）。租金从廉，欲租者请来面议。

我把卷子交给猫博士，预备走出课堂，看他们比球去，却不料猫博士笑着对我说道："羊儿！你且坐回你

的座位上去。今天的题目很容易，我知道你们交卷都很快。我想当堂替你们批改。现在你已交卷了，你且等一等，等他们把卷子交齐了，我就来动手批改。"猫博士这样说着。我心里虽然不愿意，却也没法儿，只好听他的命令，坐回我的座位上去等。

大约等了十多分钟，果然，几位同学的卷子都已陆续交齐。于是猫博士开始来替我们批改。他先把我的卷子照样抄在黑板上，然后对我说道："羊儿！你的卷子大概是不错的。只是写错了一个字。你看！'侵'字后面应该是个'袭'字，你写成'龙'字了。"猫博士说罢，又随手在卷子上写了"八十五分"四个字。我心里很不高兴。因为我是希望得一百分或九十五分的，现在只有八十五分，自然是不满意。

猫博士又拿了一份卷子，把它照抄在黑板上，说道："这是公鸡的卷子。"黑板上写的是：

本鸡窠（kē，窝、巢）内有余窠分租。计卧室一间，其中稻草等一应俱全。母鸡生蛋，更为相宜。客室公用。欲租者进内面议。

猫博士道："公鸡的卷子很好。九十分。"于是他又抄了一份卷子，说道："这是鸽子的卷子。"黑板上写的是：

本鸽子笼内有余室分租。交通便利，空气清洁，租价相宜。如欲承租，一定满意。请进内通信可也。

猫博士说："这里'如欲承租'后'一定满意'四个字可以删去。'请进内通信'句话也不妥，应改成'请进内面议'，或改为'请通信商议'。只有七十五分。"

猫博士又抄了一份卷子，说道："这是小狗的卷子。"黑板上写的是：

本狗窠内有余窠分租。如欲租者,请进内和我的爸爸商议。

猫博士笑道:"这确是小狗的口气。但是,用在这里很不适宜,只说'进内商议'就行了。你只有六十分。"

猫博士又抄了一份卷子,说道:"这是小狐狸的卷子。"只见小狐狸的卷子写的是:

我们的土洞分租或廉价出售。因为我家小弟弟常常生病,土洞不吉,故特别廉价。欲租者请进内面议。

猫博士道:"你家'小弟弟常常生病,土洞不吉'的那一句话你不要写。现在旁的地方还没有错误,只把这句话删去就行了。你只有五十五分,不能及格。"

猫博士接着看了看兔子的卷子,那是一份白卷。这时候兔子站起来说道："先生！我们家里没有余屋分租啊！"猫博士道："也好！下次另出一个题目给你补做一篇吧。"

下课钟响了，我们就下了课。

思考与启迪：

你知道启事的几个要素吗？试写一则失物招领启事。

说说"启事"与"启示"的区别。

十

非……不可

"'非'字是否定的意思;'不可'二字,也是否定的意思。但是,把这二者放在一句之中,便又成为肯定了。"

这一天，猫博士来上作文课，他在黑板上写的题目是：

非……不可

我们都觉得这个题目很奇怪，看起来不像一个题目。这时候猫博士对我们说道："这不是个题目。这是教你们怎样用这三个字。"他说完，又指着这一行字道："'非'字是否定的意思；'不可'二字，也是否定的意思。但是，把这二者放在一句之中，便又成为肯定了。现在你们先看我的举例。"于是他接着在黑板上写：

这个学生作文做得太坏了，非好好地用功不可。

他爱采园中的花，这是不好的习惯，非把这习惯改掉不可。

今天天气不好，怕要下雨，出门非带伞不可。

猫博士道："你们知道了吗？'非''不可'用在一句之中，正等于'必须'二字。你们再看！"

于是他又在黑板上写道：

这个学生作文做得太坏了，必须好好地用功。

他爱采园中的花，这是不好的习惯，必须把这习惯改掉。

今天天气不好，怕要下雨，出门必须带伞。

猫博士又道："你们都明白了吗？现在你们各造一句，把'非''不可'用在一句之中。早点交卷，我当堂

替你们批改。"

我们大家都低头细想，怎样用这三个字！这三个字虽然不十分容易用，但造句到底比作文简单些，所以不久大家都交卷了。

猫博士看了我们的卷子，觉得很满意，口里连声说道："好！好！"他一面批了分数，一面把卷子发还。只留了两份卷子没有发，其中一份就是我的卷子。

我正在盼望他发还卷子时，他已唤着我的名字，叫我走过去。他把我的卷子照抄在黑板上，我的卷子上写的是：

老鼠真可恶，如遇见他，非把他打一顿不可。

猫博士问我道："你造句造得不错。但是，我要问你，老鼠为什么可恶？"

我答道："因为先生不喜欢他，所以我就说他可恶。"

猫博士摇头道："这可不必，因为作文是要说自己心里的话，不要说别人心里的话。"

我又道："猫先生！我要如此说，才能使别人知道我是你的学生。"于是我就不管猫博士愿意不愿意，只管在黑板上写了两行字：

要使别人知道我是你的学生，非这样说不可。
要使别人知道我是你的学生，必须这样说。

猫博士微笑着，也在黑板上写了两行字：

要自由发表自己的思想，非改掉这种习惯不可。
要自由发表自己的思想，必须改掉这种习惯。

猫博士问我道："羊儿！你的意思如何？"我不作声。猫博士把卷子交还我，我接着一看，上面批了七十五分。

猫博士又在黑板上照抄下一份卷子：

人们非早起不可，我们非大叫不可，大叫时，非伸长了颈用力不可。

先生把卷子抄完了，我们大家看见，都觉得好笑。不待先生说明这是谁的卷子，我们便都已知道这是公鸡的佳作。猫博士却还是慢慢地告诉我们这是公鸡的卷子，又喊公鸡走过去，对他说道："公鸡！你确实能发表自己的思想。不过句子造得不大妥当。现在我替你改一下吧！你看！"

猫博士说罢，就在黑板上写道：

人们早晨贪睡，不利于身体健康，非催促他们早起不可。让我来唤醒他们吧！叫啊！用力叫！

猫博士这样写罢，我们看了，都暗暗地称赞道："好！好！好！"正巧在这个时候，我们已听见打下课钟了，就下了课。

下课之后，同学们把卷子拿出来传看，分数都在七十五分以上。只有公鸡不及格，他只有五十五分。

公鸡气得不说话，他的鸡冠格外红。

思考与启迪：

猫博士对公鸡卷子的改动，你认为好在哪里？

试再举几个双重否定句，并改为对应的肯定句。

十一

星期日的日记

"作文非自由发挥自己的思想不可。况且今天的题目,更要做得实在,不可说空话,不可说浮泛的话。"

这一次，猫博士作文的题目是：

星期日的日记

猫博士说："把你们星期日所做的事写出来。这个题目可以做得长一点儿。不必赶紧交卷。"猫博士说完了这几句话，就坐下去，监视着我们，再也不开口了。

我自从上一次造句受了猫博士的教训，便知道了作文非自由发挥自己的思想不可。况且今天的题目，更要做得实在，不可说空话，不可说浮泛的话，更得老老实实地写不可。

我先打了一个草稿,然后修改了一回,再把它誊(téng)写清楚。自己默默读道:

四月二十日,星期日,天气很好。

早晨一早起身,我就同妹妹一起到山后空地上去吃草。我们一面吃草,一面闲谈。我们很快乐。

我的妹妹在一个乡村小学里读书。他们的语文教员是鸡师母。这位鸡师母是很有名的女文学家。

不过我的妹妹说:"这位鸡师母的性情很古怪。我们同学都怕她,都恨她。"

我就问道:"既然是一位有名的女文学家,为什么你们都不喜欢她呢?"

我的妹妹道:"她太顽固了。禁止人家做白话文,都要做文言文。所以我们都不喜欢她。"

我又问道:"妹妹!你会做文言文吗?"妹妹摇摇头,说道:"读也读不懂。"我问道:"读的什么

书?"妹妹叹气道:"唉!《古文观止》。"

我道:"《古文观止》吗?父亲说过:'《古文观止》是一部宝书。哪个读得通,就会中秀才。'妹妹!你一定做得一手好文了。你不要客气。你上一个星期做的什么题目?快告诉我。"

我的妹妹道:"可是我们的同学都说《古文观止》不好。鸡师母出的题目太难,我们也都不依她的题目做。上星期她出的题目是《义书东波尺笔富》[1]。哥哥,这个题目难不难?"

我道:"你怎样做的?"妹妹道:"我的第一句是'人生于世'。你觉得好吗?"我道:"很好!第二句呢?"妹妹道:"第二句是'不可不入学校'。第三句是'且学校也者,三民主义之学校也。人而不入学校,岂非大可痛心也载[2]'。"

---

[1] 此题目应是《拟苏东坡〈赤壁赋〉》,文言文比较难懂,学生不能理解。
[2] "载"应该是"哉",文言文中常用的一个句末语气词。

我听了妹妹的话,不十分懂。大约她是做的文言文,我们在学校里做的是白话文。所以她的文我读不惯。

我们在草地上吃了一天的草,玩了一天,到晚上才回去。夜里睡觉睡得很早。

我把我的卷子默读了一遍,觉得没有错字(其实是有的),就交了卷,出了课堂。今天能有多少分数,现在还不知道。

思考与启迪:

你平时有记日记的习惯吗?如果由你来写"星期日的日记",你会记录下哪些难忘的事情呢?

三眠

十二

兔子的家规

"兔子哥!兔子哥!你今天兔不了要站墙壁角了。"

这一日,猫博士上课的时候,已把上次作文的卷子批改好了,发还给我们。我接到卷子,先看分数。只见是八十五分,我很满意。

这时候,猫博士对我说道:"羊儿!你的日记做得不差,只是别字写得不少。然而这也难怪你,这都是鸡师母主张用文言的不好。所以,你虽然写了许多别字,还有八十五分。"

猫博士把兔子的卷子发给兔子,对他说道:"兔儿!你的卷子中别字太多。他人写别字,还有可以原谅之处;你写的别字,实在是不能原谅!"猫博士说到这里,就回过头去,拿粉笔在黑板上写了一句兔子的日记道:

今天星期日，我的外祖母黑兔子从前山到我们后山来，在我们这里游玩了一天。

　　猫博士指着"兔"字对兔子说道："你看！少写了一点啊！他人写这样的一个别字，还可原谅；唯有你写，不能原谅。为什么自己不认识自己？此外，这样的别字还有好多，真不应该！"

　　我们大家听了猫博士的话，都禁不住大笑起来。小狐狸尤为刻薄，他做了一个滑稽（huájī）的脸，对着兔子说道："兔子哥！兔子哥！你今天兔不了要站壁角了。"猫博士听了，也禁不住"嗤"（chī）的一声笑起来。大家心里都想：兔子该是怎样的羞愧（xiūkuì）呢？

　　却不料兔子一点儿也不羞愧，他还走过去侃侃而谈，和猫博士辩驳（biànbó）。他说道："先生！这不是我写错的，这是我们的家规。"

· 071 ·

猫博士觉得很奇怪，便问道："你们的家规吗？这是什么规矩？我倒不懂？"

兔子道："这是我们祖宗传下来的规矩，凡是对于尊长的称呼，都是要避讳（bìhuì）的，写起来，也要缺一笔，才算恭敬。不如此，便算大不敬，便要被家长打屁股。先生！你想！我们写到外祖母，敢不缺笔吗？"

猫博士笑道："原来如此，但是这种腐朽（fǔxiǔ）的习惯，到今日应该改革了。今天姑且原谅你，不责备你吧！"

兔子闻言，唯唯而退。猫博士又把其他同学的卷子都发还了，然后照常讲书，不提。

思考与启迪：

除了"兔"和"免"，你还能举出哪些差别细微的形近字？

十三

小狐狸作诗

"你们自己有什么想法,先把它写下来,然后再定题目。这是比较好的办法。"

这一天,猫博士来上作文课,他对我们说道:"今天你们可以练习一次作诗。"

兔子和鸽子齐声反抗道:"先生! 我们没有学过作诗啊! 不知道如何作。"

公鸡和小狐狸却不作声。我很知道公鸡是会唱歌的,叫他作诗,他一定很得意。小狐狸的性子顶狡猾,他不作声,想起来,他也很赞成。

现在五个同学之中,除了我,赞成的和反对的各是两个,只看我加入哪方,就是哪方居多数了。

我正在迟疑(yí)未决的时候,只听见猫博士又说道:"不要紧! 我知道你们没有学会,所以才教你们学;

倘若你们已经学会了，那便好毕业了，也不必再去学。"

我听了这话，知道就是反抗也是没有效果的，索性不说反抗的话，只请他出题目，说道："先生！什么题目？"

猫博士道："题目我是没有的，你们自己有什么想法，先把它写下来，然后再定题目。这是比较好的办法。你们作好了，可以随时交卷，我随时替你们改。"

我们听了猫博士的话，各自都摇着头，口里哼着，在那里吟诗。不多一会儿，忽听猫博士说道："你作好了吗？让我看！"

我们大家抬头一看，只见小狐狸交卷了。猫博士高声读道：

小鸡吱吱叫，

狐狸奔奔跳。

狐狸咬小鸡，

小鸡飞跑，

只咬了鸡毛一根。

猫博士道："你作得还不差。但把最后一句改成'只咬到一根鸡毛'比较好一点儿。"

公鸡插嘴说道："这样一改，就押韵了。"

猫博士道："不错！但也不必勉强求押韵。不过，若像这样的情形，就不妨略改一下，使它押韵。"

我们听完了猫博士的话，又各自低头去作诗。毕竟作得很慢，直到敲下课钟时，大家才各自勉强交了卷，猫博士也来不及当面批改了。

思考与启迪：

读一读徐志摩的《再别康桥》，体会现代诗的押韵。

十四

公鸡得奖赏

"'好梦'二字,是赞成做梦的意思。如今这首诗的前面大半首都是很庄重的口气,意思也是不赞成人家昏昏沉沉地睡觉。所以不应该用'好梦'二字。"

这一天,猫博士来上课。他把我们上次作诗的卷子都批改好了,一一发还我们。他首先发还的是公鸡的卷子,他把公鸡的诗写在黑板上,又读给我们听:

我早晨起来得最早,

人家都还在困。

但是我看着太阳将要出来了,

我就拼命地叫,

要叫醒他们的好梦。

猫博士读过,他自己觉得很快乐,脸上现出笑容来。

我们大家听了,都说"好诗,好诗!"并且一齐回头望着公鸡。

这时候,又听见猫博士大声说道:"不过,有两个字,还要斟酌(zhēnzhuó,考虑事情或文字等是否可行或适当)。"我们听见了这句话,自然又回过头来望着猫博士。猫博士用右手摸了一摸胡子,然后说道:"你们看!第一个是'困'字。因为这个字是上海的土话,很不普及。它的意思,就是睡。但是,有许多地方不通行。"

小狐狸闻言插嘴道:"怪不得我起初看不懂,原来他写的是土话。"

公鸡也站起来问道:"猫先生!那么,要改一个什么字才好?"

猫博士道:"这个字和下面的'梦'字押韵,又因为在诗歌中需要的时候也可用土话,所以我就不打算改了。"

略停了一停,猫博士又道:"再有一个字,却不得不改,就是'好梦'的'好'字。你们想'好'字为何不妥(tuǒ)?"

我们大家想了一想，都说道："我们说不出有什么不妥。"

猫博士道："让我说给你们听。'好梦'二字，是赞成做梦的意思。如今这首诗的前面大半首都是很庄重的口气，意思也是不赞成人家昏昏沉沉地睡觉。所以不应该用'好梦'二字。用了'好梦'二字，至少是变成带一点儿滑稽的口气了。所以在这里不如改为'迷梦'或'春梦'。"

这时候，小狐狸又站起来插嘴道："先生！何以知道这时候是春天？"

猫博士道："不错！你的质问很有理由。他这首诗的题目和上文都没有说到春天，在这里似乎不该突然说'春梦'，安知不是'夏梦''秋梦''冬梦'？不过，这里是特别的情形。因为一年四季，在春天做梦的时候最多，所以就拿'春梦'代表一切的梦。这是习惯如此的。但是，这毕竟太文学化了，你们还是不要用比较好。所以，我在这里替他改为'迷梦'了。"

猫博士说完，我们都很满意。猫博士也把卷子交还公鸡，我们都低声问公鸡道："几分？"公鸡含笑不语。猫博士代答道："九十五分。本来是一百分的，因为'好梦'的'好'字不十分妥，所以少了五分。"

这时候，忽然听见小狗代为叹息道："可惜！可惜！"

猫博士却又说道："他的立意很好，在分数之外，另外还要给他一点儿奖赏。"说完，他就从衣袋里摸出两册儿歌来，送给公鸡。公鸡接着，非常得意，伸长了颈叫了声："谢谢！"

猫博士把别的学生的卷子一并发还，说道："你们的卷子都改好了，没有特别要说明的地方，我不说了。"于是就开始讲课。

思考与启迪：

你能尝试作一首现代诗吗？请注意前后语气的一致。

十五

读得出,写不出

"'只读得出,却写不出',这已成了学生很普遍的毛病。唯一的医治方法就是多写。"

这一天，猫博士来上作文课，他出的题目是：

秋夜随笔

他对我们说道："现在是秋天。你们各自把晚上所见到的事情随便地写出来，这就叫'秋夜随笔'。只要写得真实，便算好。除了所见到的事情，你们把自己所想到的事情写出来也是可以的。"

猫博士说完，就不再说什么了。我们也都已明白他的意思，各自低着头写作文。

我略想了一想，就开始写道：

秋天的夜里，是一年之中最有趣的时候。常常有一个月良照在我们羊栏面前。

我刚写到这里，就觉得这个"良"字，很不妥当。把它改成一个"朗"字，细细地一看，还是不对。又把它改成一个"浪"字，再看一看，觉得越发差得远了。又想用一个"影"字，又觉得"一个月影"四个字连在一起不成文理。我分明记得有这样一个字是只读得出，却写不出。再写了一个"停"字，还不对。又写了一个"壳"字，仍不对。想来想去，想不出这个字的写法，不得已，我只好去问猫博士。

我把已经写出来的几句草稿拿去问猫博士，说道："猫先生！这里一个'良'字写错了吗？应该是怎样的写法？"

猫博士接着一看，就说道："写错了！写错了！"

又拿铅笔写了一个"亮"字给我看,说道:"应该用这个'亮'字。'月亮'二字,虽然有许多地方不通行,但是在我们这里是通行的。你既然用了这两个字,就应该写为'月亮',而不应该写成'月良'。你把它改了吧!"

我一听猫博士的话,心里又快乐,又觉得奇怪。因为我想了半天,想不出如何去写的字,经猫先生一指点,我便知道了,岂不快乐! 又因为这个字,分明是个极熟极熟的字,为什么我自己竟想不出? 岂不奇怪。于是我问猫博士道:"猫先生! 你的记忆力为什么这么好?"

猫博士闻言,只微笑着不作声。小狐狸忽然说道:"记忆力不好,如何做先生呢? 为何叫'学生',为何叫'先生',就在这上头分别。"

我道:"倘若我做了先生,我的记忆力还是不好的。"

兔子道:"倘若记忆力不好,就根本不能做先生;并不是说做了先生,记忆力才会变好。"

公鸡说道:"兔子的话不错啊!"

这时候，如果任由我们如此说着，课堂秩序（zhìxù）就要混乱了。于是猫博士不得不开口了，他说道："你们快写作文，不必多说闲话。但是我有一句话告诉你们，记忆力固然要紧，但也要动手写。一个生字，写得惯了，用起来，自然写得出；倘若没有写惯，只靠死记，用的时候，往往还是写不出。'只读得出，却写不出'，这已成了学生很普遍的毛病。唯一的医治方法就是多写。好了！现在无暇多说闲话，你们快一心一意写作文吧！"猫博士说罢，就不作声了。

于是我们也都寂（jì）然无声，各自低着头作文。

思考与启迪：

你有过"提笔忘字"的经历吗？你所知道的易错的同音字还有哪些？

草草杯盘供语笑 昏昏灯火话平生

十六

我对练习的失望

"你应该抄书。抄书抄得多了,生字自然会写得多。不必照你这样,想出了生字去问人。"

自那天猫博士教我多练习生字以后,我觉得他说得很好,在自修时,就常常练习。

我第一次练习时,想到一个说得出写不出的字,就是和"户"字连在一起的一个字。我先写了一个"仓"字,看看不对;再写了一个"匆"字,看看也不对;又写了一个"总"字,看看还是不对。但是,这时不是上课的时候,我想问猫博士,无处去问,只好去问鸽子。鸽子说道:"莫不是这样写的。"他一面说,一面拿铅笔写了一个"窗"字给我看。

我一看便知道是对的,连声说道:"不错!不错!只是我为什么写不出来呢?"

鸽子道："大概因为你少写的缘故。"

我道："究竟还是你的功夫深，这个字一写便写出来了。"

鸽子道："不瞒你说，我住的笼里，窗子很多，所以我常常用到这个字，因此也会写了。"我闻言，才知道完全是环境的关系，不是他的功夫格外深。

我第二次练习时，想到一个说得出写不出的字是高山的意思，有点像"逢"字，却又不是"逢"字。我想："兔子常在山上跑，这个字他必是知道的。"于是我就去问兔子。兔子果然知道，连忙写给我看，原来是个"峰"字。

我虽然得到鸽子和兔子的帮助，但是，我又很怀疑。我想："照这样练习，非得有人问不可。然而太困难了，我怎能随时找得到适宜的人去请教呢？"于是我很失望。

这个困难的问题不能解决，我想，这个方法是行不通的。于是下一次猫博士来上课，我就把经过的困难情

形告诉他，并问他可有什么好的方法能补救这个缺点。

猫博士道："羊儿！你的方法根本错了！我叫你练习写，不是如此练法。你应该抄书。抄书抄得多了，生字自然会写得多。不必照你这样，想出了生字去问人。"

我听了猫博士的话，觉得很对，就决定照这个方法练习。

思考与启迪：

除了"抄书"的方法，你还有什么记牢生字的好办法？

试举几个读音相近但偏旁不同的汉字，体会偏旁对字义的提示作用。

十七

两个"不"字互相抵消

"两个'不'字连用在一起，就等于'零'。"

这一次猫博士上作文课,先在黑板上写了一行字:

两个"不"字互相抵(dǐ)消

我们大家看了这一行字,不知道是什么意思,大家都张着眼睛望着猫博士。猫博士慢慢说道:"你们知道'不'字的意思吗?"

我道:"知道的。'不'就是'不',比如'不要吃饭''不肯睡觉''不愿意作文'等话,都是有一个'不'字在里面。"

猫博士道:"你知道一个'不'字就是这样的意思。

但是，你可知道用两个'不'字是什么意思呢？"

我摇了摇头道："猫先生！我不十分明白。"

猫博士道："现在让我说给你听！大家一同听！两个'不'字连用在一起，就等于'零'。"我们大家都不明白，为什么两个"不"字就等于"零"？

小狐狸首先问道："猫先生！我们是上算术课，还是上作文课？"

猫博士道："我告诉你们，两个'不'字用在一起，在作文里是常常遇见的。比如说，'他不能不吃饭''他不得不睡觉''不允许他不作文'，这些话都有两个'不'字在里面。但是，意思是怎样的呢？"猫博士这样说着，又在黑板上写道：

不能不吃饭就是要吃饭

不得不睡觉就是要睡觉

不允许他不作文……

猫博士写到这里，就问我们道："下面是怎样呢？"

公鸡忙站起来答道："就是'要作文'。"

猫博士大声道："不错啊！不错啊！就是'要作文'。'要吃饭''要睡觉''要作文'，岂不是两个'不'字互相抵消了吗？所以用两个'不'字和一个也不用很相像，只不过语气更重些。"

猫博士给我们解说明白了，又说道："好了！现在你们可以作文了。你们就写一段短文，要把两个'不'字连用，又要使它们相互抵消。"我们闻言，都各自低下了头来作文。

思考与启迪：

之前猫博士讲了"非……不可"的句式，这一课的两个"不"字连用的句式，你理解了吗？

十八

四个"不"字的笑话

"凡是一句话,中间没有'不'字,就像这黑板的正面;加了一个'不'字,就像这黑板的反面,意思就是把这黑板翻过来;再加第二个'不'字,就是反面的反面,意思就是把这块黑板再翻过来。"

自从上一次，猫博士叫我们连用两个"不"字作文之后，我们都感觉到作文很有趣味。那天我们每人的卷子，做得对不对，自己还不知道。不过，今天猫博士来上课，是发还卷子的时候了。我们大家都很注意自己的卷子，同时也注意别人的卷子。

猫博士步入课堂，点过名之后，就说道："这一次你们的卷子都不差，只不过狐狸的卷子太好笑。"

我们大家听了这话，都注意看狐狸。猫博士却逐个叫着我们的名字，把卷子发还给我们。我看了我自己的卷子，得了九十分，我很快乐。别人的分数是多少，我也无暇（xiá，空闲）问了，只是注意看狐狸，不知他的卷子到底是怎样写的。

猫博士把我们的卷子都发完了,然后把小狐狸的卷子照抄在黑板上给我们看。只见他写的是:

一个学生说:"我不愿作文。"

先生道:"不允许你不愿作文。"

那学生道:"不理你不允许我不愿作文。"

先生又道:"不怕你不理我不允许你不愿作文。"

两个"不"字,等于没有"不"字;三个"不"字,等于一个"不"字;四个"不"字,却又等于没有"不"字。

猫博士写完了,自己看了一看,禁不住笑起来。我们大家看了,也都忍不住笑。

这时候,小狐狸问道:"猫先生! 我的作文对不对?"

猫博士道:"对的! 只不过太好笑罢了。"

小狐狸道:"猫先生!既然是对的,你就应该给我二百分。"

猫博士道:"为什么呢?"

小狐狸道:"你出的题目,是叫我们连用两个'不'字。用两个'不'字,如用得一点儿不错,就有一百分;现在我用四个,也用得不错,岂不是该有二百分?"

猫博士闻言,还没有答应,公鸡忽然站起来代答道:"猫先生!就给他二百分吧!反正二百分就等于一分也没有。"

猫博士觉得奇怪,把胡子捋了一捋,慢慢地问道:"这是什么新发明的算法呢?"

公鸡张大了喉咙道:"既然一个'不'字加在另一个'不'字之上,就等于没有'不'字,那么一百分加在一百分之上,就应该等于没有分啊。"公鸡这一番话说得大家都笑了起来,只有狐狸有些生气。

猫博士摇了摇头道:"公鸡!你的话不对。现在你看这块黑板。凡是一句话,中间没有'不'字,就像这黑板的正面；加了一个'不'字，就像这黑板的反面，意思就是把这黑板翻过来；再加第二个'不'字，就是反面的反面，意思就是把这块黑板再翻过来。但是，再翻过来时，又是正面了。如此加第三个'不'字，加第四个'不'字，无非就是如此一正一反。但是，你们的分数却不是如此的算法。"

我们大家听了猫博士的话，才彻底明白了两个"不"字互相抵消的意义。

这时候，猫博士又道："你们都明白了吗？好了，时候不早了，我们讲书吧！"他把狐狸的卷子发还给了狐狸，开始讲书。

下课之后，我们问小狐狸："到底得了几分？"他说："只有九十六分啊！"

思考与启迪：

尝试四个"不"字连用造一个句子。

十九

可是

"猫博士平日很聪明,可是今天不聪明,因为他当着狐狸的面,说狐狸狡猾。"

这一天，猫博士上作文课，对我们说道："今天教你们怎样用'可是'两个字。现在写几个例子给你们看。"他说着，便回头在黑板上写道：

今天晴了，可是天气很冷。

这本书很好，可是价钱太贵。

小狐狸很聪明，可是太狡猾。

小羊性情很平和，可是太老实。

小狐狸看见猫博士说他狡猾，就站起来说道："猫先生！这两个字，我们老早就知道怎样用。今天请您另外出个题目，好不好？"

猫博士道："这两个字，不很好用。我常常看见你们用得不对。现在你说会用，你就举一个例子给我看。来！你走过来写。"

小狐狸就走到黑板前面，在黑板上写道：

猫博士很聪明，可是不聪明。

我们看了小狐狸写的例子，都觉得很奇怪。我自己暗想：既然说"很聪明"，怎么又说"不聪明"，似乎不妥当，却又说不出哪里不妥。只好望着猫博士，看他怎样说。

猫博士道："小狐狸！你举的例子不对。现在我替你改。"于是他就在黑板上加上了几个字，将小狐狸写的例子改成：

猫博士平日很聪明，可是今天不聪明，因为他当着狐狸的面，说狐狸狡猾。

我们大家看了，都禁不住笑起来。笑得小狐狸不好意思，红着脸，一句话不说，坐回到自己的座位上。

猫博士对我们大家说道："现在你们都已经知道'可是'两字的用法了吗？"

我们大家都不作声。

猫博士又问道："你们都明白了吗？"

还是没有回应。

猫博士道："公鸡！你过来举一个例子，试试看。"

公鸡站起身来，走到黑板前面，写道：

狐狸本是我们的仇敌，可是在学校里，却是我们的朋友。

猫博士道："公鸡！你这个例子举得很好。能不能再举一个？"

公鸡听见猫博士称赞他，很是欢喜，于是很快地又写了一个例子：

我本不会写，可是先生叫我写，我不敢不写。

猫博士微笑着，也在黑板上写了一行字：

小公鸡真聪明，可是太谦虚了。

猫博士写罢，我们大家都暗暗地称赞公鸡，羡慕公鸡。

猫博士叫公鸡坐下，又叫兔子站起来，问道："兔子！你来试试看。"兔子摇摇头，表示写不出。

猫博士又叫鸽子试试看。

鸽子走过去写道：

我和公鸡同是禽类,可是我不及公鸡聪明。

猫博士道:"你写得不错,也算聪明。"

猫博士又叫小狗去试。小狗道:"我不会。"

猫博士道:"小羊来试试看吧!"于是我走过去,学着鸽子的老办法,写道:

我和狐狸同是兽类,可是我不及狐狸聪明。

猫博士道:"虽是模仿,却不错。"

这时钟响了,我们就下了课。

思考与启迪:

除了"可是",你还知道哪些表转折的连词?试造句体会用法。

无题

二十

去年的成绩

"你们倘若觉得有进步,就要继续努力,不可因为有进步而懈怠;倘若觉得没有进步,就更要努力,不可因为无进步而灰心。"

这一次，猫博士来上作文课时，对我们说道："时间过得很快，我教你们作文，已经差不多二十个星期了。这一学期的功课已快要结束了。但不知道你们有多少进步……"

猫博士还没有说完，小狗便站起来说道："先生！我们不但没有进步，反而退步了许多。"

猫博士一听这话，大大地吃了一惊，忙问道："怎样见得是退步了？"

小狗道："以前鹦鹉先生、麻雀先生教我们作文时，我们的分数都很高。高的在九十分以上，最少的也有八十五分。如今我们的分数却都渐渐地减少了。难得有八十五分,再多就更没有了。这岂不是退步!"

猫博士道:"原来如此!但是分数的多少是没有凭据的。任凭先生的意思,喜欢多批几分,就多批几分;喜欢少批几分,就少批几分。其实,进步不进步,不是在这上面计算的。"

小狗道:"那么,从什么地方计算?"

猫博士道:"你们各自把半年前的旧卷子找出一份来,或是把一年前的旧卷子找出一份来,自己细细地看一看。可看得出有什么自己不满意之处?倘若看得出有不满意之处,那就是有进步了;倘若看不出,那就没有进步;倘若觉得反而比如今做得更好,那就是退步了。现在你们就照这个法子试一试。"

我和鸽子都站起来说道:"旧卷子,我们都没有带在身边。"

猫博士道:"这个当然不是叫你们立刻找出来看。你们只管回到家里去,慢慢地找出来看。你们倘若觉得有

进步，就要继续努力，不可因为有进步而懈怠（xièdài，松懈懒惰）；倘若觉得没有进步，就更要努力，不可因为无进步而灰心。这项工作，且等回家去做。现在你们可以自由命题作一首小诗，算是今天的课卷。"

猫博士这样说完，就坐了下去，不再说话。我们都低着头作诗。我自己出的题目是《去年的成绩》，诗道：

鹦鹉先生会唱歌，

麻雀先生说话多。

我吃我的草，

不知道他们说什么。

我偷偷到山上去吃草，

我的妈妈也不管。

我不上作文课，

麻雀先生也不管。

只怕大考考不出，

> 我心里有些发急。
>
> 谢谢麻雀先生,
>
> 他给了我七十七。

我这样写着,自己觉得不明白。但时候到了,就交了卷。

思考与启迪:

从猫博士这一学年的作文课中,你学到了什么? 取得了哪些进步?

二十一

七十七

"数字后面的名词,有时候要写出来,有时候可以不必写。现在我就举例写给你看吧!"

这一天,猫博士来上作文课。出题目之前,他先发还我们上一次作文的卷子。

他首先叫着我问道:"羊儿！你的卷子还算不十分差。只是我要问你,'七十七'是什么？"

我站起来答道:"'七十七'是分数。就是说七十七分。"

猫博士道:"不错！我知道是七十七分,不过不应该如此说。去了一个'分'字,单说'七十七'是不通的。你的意思岂不是以为这样才算是押韵吧？"

我道:"是的。"

猫博士道:"也不能因为要押韵,便做出不通的文来。"猫博士说罢，把卷子交还我。

这时候我赶紧要看的，是猫博士给出了怎样的改法，他把"七十七"改成几个什么字。谁知接过来一看，他并没有改，还是"七十七"几个字。我就问道："先生！你为什么不替我改？"

猫博士道："像你这首诗，若要说它好，也有七十七分。若说它不好，那么，就全诗都要改，不是单改了'七十七'三个字就行的。"

再看我的卷子上，猫博士批的分数正是"七十七"三个字。

我就问道："先生！为什么你也单写'七十七'三个字呢？"

猫博士道："有这样的情形时，是可以这样写的。数字后面的名词，有时候要写出来，有时候可以不必写。现在我就举例写给你看吧！你们大家也可以一起看看！"猫博士说罢，就回头在黑板上写。

是必须写出的，例如：

（1）我今天吃了两碗饭。（"饭"字一定要写。）

（2）他买了两个皮球。（"皮球"两字一定要写。）

一个名词倘若在前面已经说过，后面可不写出。比如下例：

我今天吃了两碗饭，他只吃了一碗。（第一个"碗"字后面本来还有一个"饭"字，但是可以省去不必写。第二例相同。）

（3）他买了两个皮球，已送一个给他的朋友。

在某个地方必须是这个名词，虽不写出，也是可以的。比如在卷子上批了"七十七"三个字，一定是"七十七分",绝不是七十七碗饭、七十七个皮球、七十七里路或七十七岁,或其他种种。

猫博士写到这里,小狐狸站起来问道:"先生!你所举的第一个例子,倘若把名词省去,不写出来,是怎样的呢?"

猫博士道:"那就会叫读者看不明白。比如这样写……"说着,他又写道:

(1)我今天吃了两碗。

是两碗饭?还是两碗粥?还是两碗面?还是两碗馄饨?

(2)他买了两个。

是两个皮球?还是两个玩偶?还是两个梨子?还是……

猫博士这样写毕,问小狐狸道:"现在你懂了吗?"小狐狸道:"我懂了。"

猫博士道:"时候不早了。现在我把你们的课卷都还给你们,再出一个题目,你们在课外做,下一次交卷。"

于是猫博士就把课卷统统发还给我们。他出的题目是:

自述志愿

不多一会儿,打了下课钟,我们就下了课。

思考与启迪:

数字后面的名词,什么情况下要写出来,哪些时候又可以略去不写,你学会了吗?

二十二

我的志愿

"像这一类的题目,一定要自己做才对。倘若是抄别人的文,或是托同学代做,一定是不对的。"

上星期猫博士出了题目，叫我们在课外作文。他出的题是《自述志愿》。那么，我当然是述我的志愿了。

记得从前有一次，我们受过猫博士的教训：像这一类的题目，一定要自己做才对。倘若是抄别人的文，或是托同学代做，一定是不对的。因为每个人的志愿和各自的环境、生活等都有关系，倘若是抄来的或是他人代做的，先生一定看得出。

我因为受了猫博士的教训，所以这一次作文，绝不敢抄袭或托同学代做。我足足费了三个晚上的工夫，才做成了一篇《我的志愿》：

我是一只小羊。我生在中国。我很爱我的祖国，倘若旁的野兽来侵略我们的祖国，我发誓和他拼命，拿角触他，拿脚踢他，要尽我的力，把他赶退了为止。这是我的志愿之一。

　　不过，我的性情太慈善了，天生是爱和平而不主张武力的，因此常常受到别的野兽的欺侮。我的志愿是，也想有一天，公理能战胜强权，一切残忍凶暴的野兽都变得和平慈善。但不知道到底能有这一天吗？

　　我的性情慈善是极著名的。试看一个"善"字，上面是一个"羊"字，是把我的名字放在上边。可见造字的先生已经知道我性情和善了。此外，"祥"字、"美"字，都有半个"羊"字。我又喜欢朋友，善于合群。因此造字的先生造了一个"群"字，也有半个是"羊"字。可知我是各种兽类中顶好的一种了。

我对生活的欲望也很简单。我唯一的食料就是青草。倘若有青草供给,能吃饱,我就很满足,绝对不想吃肉。吃饱了青草以后,我会在大自然中游戏,或在草地上睡觉。只要没有旁的野兽来侵害我,我就很快乐。然而有野兽来侵害时,我也不得不尽力奋战。

我对于人们的贡献,就是把羊毛给人们织呢绒(níróng),把羊乳给人们做饮料。

我的一篇《我的志愿》已经写完了,今天便交给猫博士。做得对不对,我自己也不知道,且待猫博士批评。

鸽子、公鸡、小狗、兔子也各自自述了他们的志愿,交给猫博士。

猫博士当堂阅卷。因为我的卷子最先交,所以把我的卷子最先阅。他阅完以后,对我说:"羊儿!你的卷子很不差,字句都很妥当。只不过有一点错误。第三段里所说的'善'字、'祥'字、'美'字等话，不能算是'志愿'。这里可算是文不对题了。"

我道："先生！这的确是我自己的话，不是别人的话。处处标明了'羊'字。固然不是我抄袭别人的，别人也不能把我的偷去。"

猫博士道："不错！的确是关于你自己的话，但的确不是'志愿'。所以还是文不对题。"

我听了猫博士的话，才知道是我不对，只好默默地把卷子接了过来。

猫博士又逐个批阅同学们的卷子，阅完了，一一宣布。小狗是愿做一个尽职的警察，或做一个守炮台的小兵。鸽子是愿做一个传递航空邮件的邮差。兔子、公鸡、狐狸也都自述志愿，课堂上好不热闹。

猫博士问道："小狐狸！你的卷子呢？"

小狐狸站起身来答道："先生！卷子已经做好了，但是，我不好意思交给你。"

猫博士道:"为什么不好意思?做得不好吗?"

小狐狸道:"先生说过,作文要说自己的话,不可抄袭别人的话,那么就叫我觉得为难了。不说我自己的话,先生一定要批评不好;说自己的话,实在觉得难为情。所以我做好了也不敢交出来。"

猫博士道:"不妨!你拿出来给我看!"于是狐狸把卷子递给猫博士。

猫博士看了看,暗暗地笑了。看完了,他才说道:"小狐狸!怪不得你不好意思,但是也无妨。就文论文,总算是不错的。"

这时候小狗站起来道:"先生!狐狸的作文是怎样写的呀?"

猫博士道:"让我读给你们听。"他接着就读道:

我没有旁的志愿。我不喜欢爬树,也不喜欢和旁的动物一同玩,我只喜欢吃小鸡,常常到人们家里去偷鸡吃。我的志愿是每天夜里能够偷到一只小鸡。

不过，我很爱我的同学，对于我的同学公鸡，我从来不想咬他一口……

猫博士读到这里，我们都大笑起来。小狐狸更不好意思了，把头低着，悄悄地坐了下去。

于是大家又回头望着公鸡。公鸡说："的确！他没有咬过我一口。但是，我的妹妹前天夜里被狐狸咬伤了。不知是不是他咬的。"

猫博士闻言，就问狐狸道："是你咬的吗？"

狐狸不慌不忙地答道："因为我不认得是他的妹妹，所以错咬了。请鸡兄原谅！"

我们闻言，又是大笑。

正在这时候，猫博士大声说道："好了，不要说闲话了。现在还有五分钟，让我把今天作文的题目出给你们，

就可以下课了。你们还是在课外去做。"

他一面把狐狸的卷子还给了狐狸,一面在黑板上写出了题目:

预备怎样过寒假

猫博士把题目写完了,下课钟刚好敲响了,我们就下了课。

思考与启迪:

为什么猫博士认为羊儿将"善""祥""美"写在"我的志愿"中是"文不对题"?

写一篇作文,谈谈你的志愿吧。

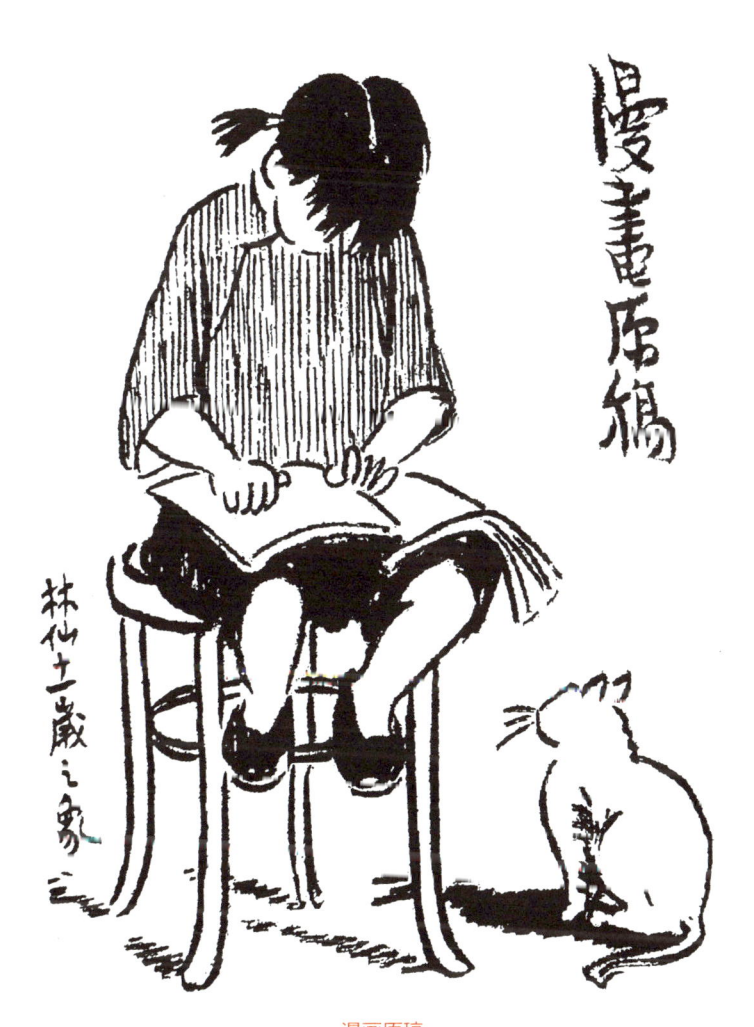

漫画原稿

二十三

预备怎样过寒假

"你们在寒假中,也不要忘记了写作文。或是和朋友通信,或是记日记,或是写读书札记,都可以练习作文。"

又是一个星期了。今天上作文课,大家把课外做的关于"预备怎样过寒假"的卷子拿出来,交给猫博士。

猫博士道:"你们可以静坐五分钟,做点小工作,让我把你们的卷子略看一看。"

这时候,我们都觉得不安,不知又有什么新的工作来了。猫博士又说道:"你们在这五分钟内,用点脑力,看看黑板上的两句话有没有区别?"

猫博士一面说,一面已在黑板上写了两句话。我仔细看时,只见他写的是:

不久就要放寒假了。

还有一个半星期就要放寒假了。

我看了，仔细想想，觉得实在没有区别。然而猫博士叫我们用点脑力，一定有什么道理。于是我又低着头想。想了一会儿，还是想不出什么区别来。只听见这时猫博士说道："好了，卷子看完了。"

他说这句话时，把我低着的头拉得抬了起来。原来他是先发还我的卷子。他把卷子递给我，说道："你的卷子中间有几句话把时间弄错了。"他就把那几句话写在黑板上，指给大家看。

今年寒假，我是在姨母家里过的。在她家里住了两个星期。那边的气候很好，一点儿也不冷。我每天的工作，就是在家里烘（hōng）火，或是听姨母讲狐狸精的故事。

猫博士道:"你看! 你不是把时间弄错了吗? 题目是让你写'预备怎样过寒假'。是在寒假以前,预说寒假时的话;不是在寒假以后,追述寒假时的话。像你这一段文,就变成追述的口气了。所以说,你把时间弄错了。"

猫博士把我的错误之处说明了以后,又在黑板上写一段道:

寒假是我们最爱的时候,然而也是我们最恨的时候。因为不用上课,所以爱它;因为天气太冷,所以恨它。最好在不冷的时候放寒假。

猫博士叫着兔子说道:"兔子! 你的全篇的口气大约都像这一段,你有两重错误。第一层,题目是要你说出'预备怎样过寒假',不是要你评论寒假的可爱或可恨。像你这样说,是变成'寒假论'了。就当它是'寒假论'看,你的议论也根本不能成立。因为冷所以才放寒假,寒假是由天冷而产生出来的,为什么说'最好在不冷的时候放寒假'呢?"

猫博士说完,将卷子还给兔子。我们闻言,都暗暗地笑。兔子自己也觉得好笑。

猫博士又把小狗、小狐狸、鸽子的卷子都发还了。公鸡站起来问道:"先生!你起初写的两句话到底有什么区别呢?"

猫博士道:"你们看不出吗?你们以为没有区别吗?其实是有区别的。'不久'二字是不指定的。'还有一个半星期'是指定的。一个半星期固然也可以说是'不久',两个星期也可以说'不久',两个半星期也可以说'不久'。所以用'不久'是大约着说的,不是指定的;用'一个半星期'是确切指定了的,不是大约说的。你们作文时用字,在这点上要特别注意。"

公鸡道:"是的!我明白了。"

我听见猫博士这样说，也明白了。

猫博士又道："的确，还有一个半星期，就要放寒假了。恐怕下个星期就要开始考试了。这一个学期，不用再写作文了。但是你们在寒假中，也不要忘记了写作文。或是和朋友通信，或是记日记，或是写读书札记（zhájì，读书时摘记的要点和心得），都可以练习写作文。下课的时间差不多要到了，今天早点下课吧！下星期预备考试。"

猫博士说完了这话，鞠（jū）了一个躬（gōng），就走出了课堂。

思考与启迪：

仔细想想羊儿和兔子作文的不妥之处，你是否体会到了审题的重要性？了解时间的确指和泛指。

作文谈谈你对寒假生活的打算。

二十四

寒假后开学的第一天

"有趣而无效不行,有效而无趣也不行。难得猫博士的教法,是有趣而兼有效,所以我们称他是'两有'的方法。"

今天是寒假后开学的第一天。我们到学校里，行开学礼。由校长报告本学期所聘（pin）请的新教员；并宣布原有的教员某某先生等，都继续担任他们原来所教的功课的教员。

当校长说到猫博士仍旧担任国文课教员时，我们大家听了都很欢喜。校长又接着说道："猫博士的国文课特别注重作文，而且他教作文的方法也和旁的教员不同，他所用的方法，可算是'两有'的方法……"

校长还没有说完，小狐狸就连忙拍手。校长接着道："你们知道什么叫'两有'吗？你们且听我说。一是有趣，二是有效。有趣而无效不行，有效而无趣也不行。

难得猫博士的教法，是有趣而兼有效，所以我们称他是'两有'的方法。你们跟他学作文已经有半年了，你们觉得怎样？"

刚听到校长这样一问，小狐狸就连忙站起身来回答道："校长！我跟着猫博士学作文，我自己觉得很好；但是，我的父亲说我学得不好。因为他叫我把古文翻译成白话文，我翻译得'不知所云'，他就发怒，说我完全不会作文。"

校长本是很高兴的，被小狐狸这样一说，便大大地不高兴起来。他说道："你的父亲叫你翻译一句什么古文？这个我不能和你一同研究，要请猫博士来和你一同研究。"

校长说完，那边猫博士已站起来，向校长道："校长！能不能让我来答复他？"

校长道："正要请你答复他。"

猫博士道："小狐狸！你的父亲叫你翻译的是一句

什么古文？"

小狐狸道："是一句'温故而知新，可以为师矣'。据说，是孔夫子讲的一句话。"

"你怎样翻译的？"

"我翻译为：'暖的，旧的，然而知道新的，可以做小军阀了。'猫先生！你说我翻译得怎么样？"

"好！好！太好了！我问你，'师'字为什么可以译为'小军阀'？这岂不是太荒谬（huāngmiù，极端错误；非常不合理）了吗？"

"猫先生！我的父亲说，'师'就是'师长'。我想，'师长''旅长''总司令'都是军人。'总司令'是大军阀，所以'师长'应该是小军阀。先生！我译错了吗？"

小狐狸这样说着，校长和猫博士都哈哈大笑起来。我们这些学生也大笑起来。不过，我们大概都是跟着校长和猫博士笑，自己还没有明白为什么要笑。因为我们对于孔夫子的原话还没有十分明白。

猫博士对校长道："校长先生！这是我的疏忽。我教他们作文，教了半年，却还没注意到这个问题，所以闹出这样的笑话来。"

校长道："猫先生！不要紧！就请你在本学期内把这个问题和他们说说吧！"

当时校长又说了一些关于别的课程的话，时候已不早了，他便宣布散会。我们各自回家。开学的第一天，就这样过去了。

思考与启迪：

你知道"温故而知新，可以为师矣"这句话的意思吗？它出自哪部古代典籍？

二十五

怎样把古文翻译为白话文

"把古文翻译为白话文,必须有两个先决条件。一是要把古文的原意彻底弄明白了才能翻译。二是要把古文的文法和白话文的文法也彻底弄明白了才能翻译。"

今天是本学期第一次上作文课。猫博士刚走进课堂，小狐狸就嚷（rǎng）道："猫先生！把古文翻译为白话文，到底要怎样去翻译才对？"

猫博士道："好！好！今天我就把这个问题讲一讲。把古文翻译为白话文，必须有两个先决条件。一是要把古文的原意彻底弄明白了才能翻译。二是要把古文的文法和白话文的文法也彻底弄明白了才能翻译。现在我且问你，孔夫子的那句'温故而知新，可以为师矣'的话，你已经明白了吗？"

小狐狸道："'温'不是'暖'吗？'故'不是'旧'吗？……"

猫博士道:"不要说下去了,再说下去,就要说到'师'就是'小军阀'了。"小狐狸闻言,就停了嘴。

兔子插言问道:"先生!'师'到底是什么?"猫博士道:"'师'就是'先生'啊。"

我们闻言,不禁大笑一阵。

猫博士道:"我跟你们说,'温'是'温习',就是'温课'。温习旧课,而得到新的知识,慢慢地就可以做人家的先生了。"

兔子道:"好啊!这样一说,我们就明白了。"

猫博士道:"你明白了吗?"

兔子道:"明白了。"

猫博士道:"小狐狸也明白了吗?"

小狐狸道:"我也明白了。"

猫博士就叫小狐狸走过去,在黑板上写。说道:"你试试看!把它重新翻译一下。"

小狐狸写道:

温习旧的功课,得到新的知识,慢慢地可以做人家的先生。

猫博士看了说道:"对啊!这样,就可以证明你以前之所以翻译错了,是因为不曾把原文彻底弄明白。原文没有明白,如何能够翻译得对!"

小狐狸道:"这要怪我的父亲不好!他替我解释'师'字,为什么不说是'先生',却说是'师长'!倘若他早说'师'就是'先生',那么我也不会弄错了。"

猫博士道:"'师'是古文,'师长'仍旧是古文,一定要说'先生'才是白话文。所以你父亲的解释等于没有解释。你想想对不对?"

小狐狸道:"对的!"

猫博士道:"把古文翻译为白话文是一件极困难的事,你们不要把它看得太容易了。照我的意见,你们在小学的时候还谈不到；一定要到了中学才能做这种工作。所以我希望你们还是少译为妙。若要译，必须先把原文彻底弄明白了再说。前天校长要我讲这个问题，我现在所能告诉你们的只有这几句话。别的话要等你们多读一些书再和你们说。"

猫博士又说了一些别的话。看着差不多要到下课的时间了，他便在黑板上写下了一个题目，叫我们回家去作文，下次带来交卷。题目是：

在寒假中做了些什么事

他出完这个题目，就下了课。

思考与启迪：

"师"字有几个意思？查查字典。

请尝试把"学而时习之，不亦说乎？"翻译成白话文。

二十六

公鸡与狐狸的寒假生活

"你要知道,人类不是像你一样的笨。他们要穿狐皮袍子,随便什么时候都可以捉你。冬天也可以捉,夏天也可以捉。夏天捉去取皮,不可以留到冬天用吗?"

今天上作文课,我们大家把"在寒假中做了些什么事"的卷子都交给了猫博士。

猫博士先看了公鸡的卷子,说道:"公鸡!你怎么把时间弄错了?让我读给你听。你开场的几句道:'我喜欢吃青虫,整个寒假里,我都在雪地里找青虫吃。家里的米,我不愿意吃……'你何不想想,雪地里哪里来的青虫,况且还有这许多,可以供给你吃一个寒假?你想吃青虫想疯了!"

公鸡道:"先生不要怪我,这是我受了我哥哥的骗。他把他做的一篇作文给我看,叫我只要把文中的暑假改为寒假就行了……"

猫博士道:"那你哥哥那篇作文的开场几句是怎样写的?"

公鸡想了一想,才慢慢地背出来:"我很喜欢吃青虫,整个暑假里,我都在菜园里找青虫吃。家里的米,我不愿意吃……"

猫博士道:"他的原文是不错的。暑假中,菜园里当然有青虫;可是寒假中,雪地里哪来的青虫?但是,这几句也可以改正的,你看我替你改。"

于是猫博士就在黑板上写道:

我很喜欢吃青虫。但整个寒假里,我在雪地里都找不到青虫吃,只好在家里吃米……

我们看见猫博士这样写着,都暗暗地称赞猫博士改得好。明明是做坏了的文,经他轻轻地改了几个字,就变成很好的文了。

这时候小狐狸禁不住大声说道:"好啊！好啊！猫先生改得实在好！猫先生的本领实在大！"

猫博士一面把公鸡的卷子交还公鸡，说道:"此外没有什么大错了，你自己拿去看吧！"一面唤着小狐狸道:"狐狸！现在改你的卷子。你的卷子，中间也有几句话说得不对，让我读给你听。'我最怕过冬天。每遇着冬天，我总是躲在洞里不出来。因为人类到了冬天，就爱穿狐皮袍（páo）子，所以冬季是我们的危险时期。一到夏天，人类便不穿狐皮袍子了，我们就可以放心出来游玩了。所以我最喜欢过暑假，而最怕过寒假。这次寒假我也是躲在洞里度过的。'你细细想想，你的文错在什么地方？"

小狐狸不服道:"先生！我实在没有错。"

猫博士道:"你没有错吗？实在是错了。你要知道，人类不是像你一样的笨。他们要穿狐皮袍子，随便什么时候都可以捉你。冬天也可以捉，夏天也可以捉。夏天捉去取皮，不可以留到冬天用吗？"

小狐狸道："这样说来，我们的危险时期更多了。"小狐狸说罢，就哭了起来。

猫博士道："快不要哭！只要你小心防备就行了。你的文也可以改正。让我改在黑板上给你看。"于是猫博士在黑板上写道：

我最怕过冬天。每遇着冬天，我总是躲在洞里不出来。因为人类到了冬天，就爱穿狐皮袍子，我看见了，心里很难过，所以不愿意看。一到夏天，人类不穿狐皮袍子了，我们也就没有这种触目惊心的事，所以无妨出去游玩。虽然想到冬天时，也免不了伤心，但是比较起来要好些。所以我最怕过冬天。这次寒假，我就是躲在洞里度过的。

猫博士这样地写罢，便把小狐狸的卷子交还给他，

说道:"此外也没有什么大错了,你自己拿去看吧!"

这时候已经敲下课钟了。猫博士道:"还有几本卷子没有批改,下次再发给你们吧。"说着,他就整理书包,走出了课堂。

思考与启迪:

公鸡和狐狸的作文各有不合情理之处,你从中得到了哪些启示?

写一篇作文,说说你是怎样度过寒假的吧。

二十七

相似字

"'相似字',就是两个字的样子极相像,其实是不同的。如'予'与'子'、'未'与'木'等字都是。你们在用字的时候要特别留心,不可随便写。"

上一次作文课，鸽子、兔子、小狗和我的卷子都不曾发还。今天上课，我们都惦记着自己的卷子，不知道做得错没错。

猫博士来了。他最先发还鸽子的卷子，说道："没有什么重大的错误，只不过把'雪'字误写成了'霜'字。说'今年下了一场大霜，堆在地上有五寸多厚'。绝没有这样厚的霜，这定是把'雪'字误写成了'霜'字。鸽子！是不是呢？"

鸽子站起身来答道："先生！是的，是我写错了一个字。"

猫博士把卷子交还鸽子，再拿一份发还兔子，说道：

"兔子！你的卷子中有几句是错了的，让我读给你听。'农人在山下种萝卜，我在晚间爬上山去偷萝卜吃。'萝卜既然种在山下，为什么你要爬上山去偷萝卜吃呢？应当改成'农人在山上种萝卜'才对。"

猫博士把兔子的卷子交还兔子，再拿一本卷子还给小狗，说道："小狗！你做的作文完全不能算，应该重做。"

小狐狸代问道："为什么呢？"

猫博士道："他是抄的一篇教科书上的文，而且抄错了五六个字。不应该重做吗？"小狗不作声，把卷子接了回去。

猫博士拿出最后一本卷子来，那就是我的卷子了。他说道："小羊！你的作文很有进步！这一篇做得很好。只是把'假'字都写错了。原来'假'字的右半边是'叚'，不是'段'。凡是'暇''遐''假'等字，都应写成'叚'，不应写成'段'。这虽然是小错，但也是应该

小猫亲人

注意的。这一类的字也很多，叫作'相似字'，就是两个字的样子极相像，其实是不同的。如'予'与'子'、'末'与'未'等字都是。你们在用字的时候要特别留心，不可随便写。因为字本是一种符号，写错了，就是画错了符号，那怎么能代表它的意义呢？换一句话说，就是叫读者读不懂！比如说，'兔子与鸽子'写成'免予与鸽予'，这有什么意义？叫读者如何读得懂？"

猫博士说罢，我们大家都笑了起来。

小狐狸唤兔子道："免予！免予！"

公鸡呼鸽子道："鸽予！鸽予！"兔子和鸽子都不服气，却又想不出话来回答，只得怪猫博士不好，不该举出这两个相似的字来，被狐狸和公鸡拿来取笑。大家你一句，我一句，乱七八糟地说，课堂上的秩序已经乱了。

猫博士想想，无法再维持秩序，只好自己认错，大声叫道："你们不要争吵了，这是我不好！我应该认错！

我自己取消我的猫博士的头衔,改称为'猫博土'吧!"

大家闻言,都大笑起来。小狐狸更是大声地喊着:"猫博土! 猫博土!"

这样,秩序越闹越乱,幸亏这时候下课钟"叮叮叮"地敲起来,才把这一场纷扰打散。

思考与启迪:

请仔细辨别以下几组字:人 — 入　要 — 耍

睛 — 晴　己 — 已

你还知道哪些形近字? 你知道"孑孓"这个词怎样读吗?

二十八

校长的警告

"这个条子,正好做你们写作文的模范。它中间包含五点:一是时间,一是地点,三是动作者(学生),四是动作(说话),五是动作的形状,或动作的程度(自由)。"

我们在课堂上大闹了一场，校长认为这是从来不曾有的事。第二天，他就在教室里贴出一张条子，警告我们。那条子上写的是：

非休息时间，在课堂内，学生不可自由说话！

我们看了，心里虽然不大高兴，然而这样的警告，我们也不能说他不应该贴。只有小狐狸说："这是干涉我们的言论自由。"但是鸽子就驳他道："他只限定非休息时间和课堂以内，这不能说是无限制地干涉。"我和小狗也都赞成鸽子的话，小狐狸就闹不起来了。

今天猫博士又来上作文课了。他一走进课堂,看见校长的警告,就连声称道:"这张条子写得真好! 这张条子写得真好! 真是你们学习作文的好模范!"

小狐狸再也忍不住了,站起身来问道:"猫先生! 好在什么地方?"

猫博士道:"这张条子,一共只有十七个字,但是没有一个废字。若不信,你们仔细看看,有什么字可以删去吗?"

鸽子道:"'学生'二字可以删去吗?"猫博士道:"不行! 不行! 倘若把'学生'二字删去,那就连先生也不能自由说话了。"

小狐狸道:"把'自由'二字删去,怎样?"猫博士道."倘若把'自由'二字删去,那么,连教员发问时,学生也不能答复了。"这时,我们大家都笑了起来。

小狗道:"把'非休息时间'五个字删了,是无妨碍的。"猫博士笑道:"谁说无妨碍! 倘若把'非休息时间'

五个字删去，那么，下课以后，学生在课堂内也不能说话了。"我们听到这里，才觉得这个条子写得精密。

但是小狗还说道："'在课堂内'四个字总可以删去的！"

猫博士摇摇头道："你说可以删去吗？试试看！把它们删去了，那就连在校园里工作也不能说话了，在操场上游戏也不能说话了，在你们自己家里帮助做家务事也不能说话了。"

我们听到这里，再没有哪个敢发言了，只是默默地赞叹他这十七个字的条子写得精密。

只听得猫博士慢慢说道："现在你们明白了吗？你们明白这十七个字写得好吗？我告诉你们，这个条子，正好做你们写作文的模范。它中间包含五点：一是时间，二是地点，三是动作者（学生），四是动作（说话），五是动作的形状，或动作的程度（自由）。这五点缺少了任何一点，意思就可以改变。这五点一点也不缺少，那么这句话的意义就很确切，而绝无混淆（hùnxiáo，混杂；界限模糊）的可能了。你们记着，你们作文造句，应该勉力以此为标准。"

猫博士说到这里，下课钟已敲了，我们就下了课。我们都觉得这一课所受到的教益真不少。

思考与启迪：

你清楚"通知"包含的几个要素了吗？

试写一则校秋季运动会的通知，尽量做到简洁明了。

二十九

教员不一定是猫博士

"猫博士是教员,不错!但是,倒转过来说,教员不一定是猫博士。比如教你们音乐的黄莺也是教员,教你们算术的喜鹊也是教员。"

今天上作文课，猫博士就叫我们以校长的警告为标准，仿造一句精密的句子。

我们听了他的话，都觉得这是一个难题目。只有小狐狸毫不思索，立刻答应道：

"上课时间，在课堂内，只有猫博士可以自由说话。"

听见小狐狸这样说，我们大家都不约而同地称赞他道："好！好！这一句一定造得对！"

猫博士想了一想，却摇摇头道："还有不妥的地方！"

小狗道："什么地方不妥？"

猫博士道："的确有不妥的地方。现在我且不说，你们大家想想看！用一点脑力想想看！谁想得出，就站起来说。说对了，有奖赏！"

鸽子问道："猫先生！有什么奖赏？"

猫博士道："赏一本写字簿、一支铅笔。"

小狐狸道："'只有'二字不妥，应改为'只许'才对。"

猫博士道："不是！不是！这两个字随便用哪一个，都没有多少关系的。"

公鸡道："我们想不出！请猫先生自己说吧！"

我也附和道："请猫先生自己说吧！"

我们口里虽然是如此说，但手里还是拿着铅笔在纸上乱画。希望能勾画出几个字，可以答复这个问题。其实，我们也真笨！不用脑力，单是乱画，是绝对画不出答案来的。

停了好一会儿，还是猫博士自己说道："应该把'猫博士'三个字改成'教员'两个字。"他一面说，一面在黑板上写着：

上课时间，在课堂内，只有教员能自由说话。

小狐狸听了不服，站起身来反对道："教员不就是猫博士吗？实在是一样的，为什么要改？"

猫博士微笑着，慢慢地答道："猫博士是教员，不错！但是，倒转过来说，教员不一定是猫博士。比如教你们音乐的黄莺也是教员，教你们算术的喜鹊也是教员。说'只有教员能自由说话'，那就是把猫博士、黄莺、喜鹊都包括在内；若说'只有猫博士能自由说话'，那么，黄莺、喜鹊来上课时就不能自由说话了。这样说，你们懂不懂？"

小狐狸说："懂了！我懂了！"小狗、公鸡也都说道："我懂了！"只有鸽子道："猫先生！我还没有懂！请你再说一说，好不好？"

猫博士说："你没有懂吗？让我讲一个比喻给你听。我说'鸽子是鸟'，对吗？"

鸽子道:"当然是对的。"

猫博士道:"我说'鸟是鸽子',对吗?"

鸽子道:"不对! 不对! 鸟的种类有很多,不单是鸽子。"

猫博士道:"你看黑板上的图!"他接着就在黑板上画了一幅图。

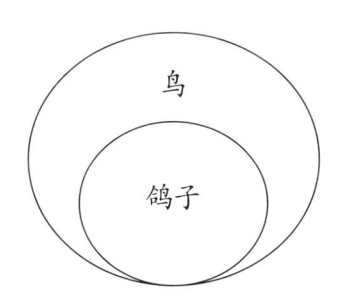

鸽子道:"这个图我也看得懂!"

猫博士又画了一幅图。

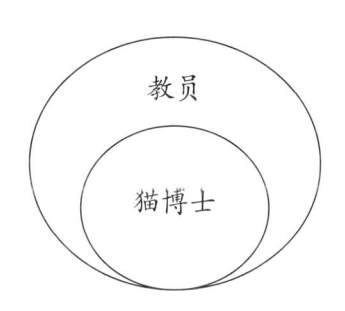

猫博士指着图说道："这两幅图的意义是不是一样？"鸽子笑道："是的！是的！是一样的。'教员不一定是猫博士'，我也明白了。"

这时候已听见敲下课钟了，我们就下课了。

思考与启迪：

请仿照这堂课的两幅图，绘制"公鸡"与"家禽"、"小狗"与"犬科动物"两图。

三十

"如"和"是"

"形容油菜花的颜色,说'菜花如黄金',这是对的;说'菜花是黄金',这是不对的。比如说'兔子的毛白如雪,眼红如火',是对的;倘若说'兔子的毛白是雪,眼红是火',便是不对的……"

今天猫博士来上作文课,他说道:"上一次讲到'教员不一定是猫博士',这个道理,你们都明白了。但是在作文方面,像这一类的事情还有很多,我想随意和你们讲讲,好不好?"

小狗、鸽子都道:"好!好!"

猫博士转身在黑板上写上这样的两句话:

他如鸽子。

他是鸽子。

猫博士指着这两句话问我们:"这两句话的意思相

同不相同?"

小狗答道:"相同的。"

鸽子答道:"不同。"

小狐狸却道:"相同的,为什么不同?"

兔子睁圆了眼睛,像发怒一般道:"不同!不同!谁说是相同的?"

这时候,他们几乎要争吵起来了,只有我没有说话。猫博士问我道:"羊儿!你说相同不相同?"

我道:"猫先生!恕(shù,原谅)我不能说了。"猫博士道:"为什么不能说?"

我道:"他们两个说'相同',两个说'不同',究竟相同不相同,全要看我赞成谁的话。我说'相同',就是主张'相同'的占多数;我说'不同',就是主张'不同'的占多数。但是,赞成了这一派的话,就要遭那一派的反对;赞成了那一派的话,就要遭这一派的反对。所以我只好不说了。"

猫博士听见我这样说,先笑了一笑,立刻又沉下脸来骂我道:"你的话说得太不成话。不但是说到作文的范围以外去了,而且这种不置可否的习惯也是很不好的。你自己觉得怎样,就应该怎样说。这是你的言论自由。你现在不说,岂不是放弃了你的自由权?"

我道:"我也觉得是'不同'。但是,我说不出'不同'的理由来,怎样是好呢?"

猫博士道:"你这句话说得极好!你能知道要说出理由来,你的思想已经比他们高了!"

听到猫博士这样称赞了我一番,我自然是很快乐的。只是小狐狸却不服气。他说道:"羊儿既然说不出理由来,为什么说他的思想比我们高?"

猫博士道:"你不要质问他,你自己的理由呢?在哪里?"

小狐狸闻言,没有话可说,只好低着头不作声。鸽子、公鸡、兔子也都觉得是小狐狸的不是,都在暗暗地笑他。

停了一会儿，猫博士才说道："现在让我来细细地讲给你们听吧。'如'和'是'的确是不同的。比如说'他如鸽子'，他指一只鸟，鸽子又是另外一只。是说那只鸟很像鸽子。若说'他是鸽子'，那么'他'和'鸽子'便是同一只，而不是两只。这样说，岂不是很明白吗！"

听了猫博士这样说，我才彻底明白了。小狐狸和鸽子也不作声，我想他们也都明白了。

猫博士道："这两个字是作文时常用的，你们现在把它们弄明白了，以后用起来，就不会错了。比如你们作文，形容油菜花的颜色，说'菜花如黄金'，这是对的；说'菜花是黄金'，这是不对的。比如说'兔子的毛白如雪，眼红如火'，是对的，倘若说'兔子的毛白是雪，眼红是火'，便是不对的……"

猫博士说到这里，我们大家都回过头来，望着兔子。兔子似乎有些不愿意，站起身来刚要说话，忽听见下课

钟敲响了。

猫博士道:"我们话还没有说完,时候已经到了!下课吧! 下一次再讲。"在"叮当"的钟声中,我们一同走出了课堂。

思考与启迪:

"如"和"是"的区别,你掌握了吗?

尝试用恰当的语句形容晚霞。

白象及其五子

三十一

怎样描写一枝桃花

"你要像画家作画一般,把这枝桃花的各部分写下来,叫读者读了你们的文,就如看见桃花一般。"

今天猫博士来上课,他带了一枝桃花来。他说:"今天就拿《桃花》做题目。你们各做一篇短文描写桃花。"

我站起来问道:"猫先生! 怎样描写?"

猫博士道:"你要像画家作画一般,把这枝桃花的各部分写下来,叫读者读了你们的文,就如看见桃花一般。"

虽然听猫博士这样说,但我还是不能理解,究竟要怎样描写才对。只好提起笔来只管写,对不对写成了再说。

我先打了一个草稿,修改了一回,然后誊(téng)清。虽然是一篇很短的文,却也费了不少的时间才把它写成。写成后,自己复读一遍道:

这一枝花名字叫桃花，如胭脂和了粉一样的淡红。它和梅花不同。梅花在开花的时候，没有绿色的叶子，它却有绿色的叶子。

　　这一枝桃花是猫博士折来的，不知他是从什么地方折来的。我很爱它，我很爱它。

我读完了，看看同学们没有一个交卷。我想，时候还早，我可以再写几句，于是又打起草稿来。

　　不但我爱它，我想，我的姐姐也爱它，我的母亲也爱它。我想，我的祖母不爱它，因为我的父亲说，凡是年纪老的，眼睛都不大好。祖母的眼睛不好，她就看不见桃花的淡红色，所以我想，她就不爱它。

我先在草稿上写了这样的一大段，再把它誊清在卷

子后面。刚刚誊完,已经敲下课钟了,我就匆匆忙忙地交了卷。旁的同学也赶着交卷。猫博士把卷子收齐后才走出课堂。

思考与启迪:

画

唐·王维

远看山有色,

近听水无声。

春去花还在,

人来鸟不惊。

通过以上这首诗,体会文与画的相通之处。

三十二

我不该添上一大段

"倘若不加上那一段,岂不很好!我听父亲讲过'画蛇添足'的故事,像我这一回的事真是画蛇添足了!"

今天猫博士来上课,他把上一次的卷子发还给我们。最先发还的是小狗的卷子。他说道:"小狗!你这一次的作文错误的地方太多。你听,'桃花有各种各样的颜色:黄的,红的,蓝的。'这是什么话?桃花哪里有黄的?哪里有蓝的?事实上是没有的,你这样说,是事实上的错误。即便真的有,你也不应该说。因为我现在叫你描写的是这枝桃花,这枝桃花是淡红色的,你就只应该说淡红色的。我没有叫你描写别的桃花,你就不应该说别的桃花。这几句是大错误。还有许多小错误,你自己去看吧,我都替你改正了。"

　　猫博士再拿起一份卷子来,说道:"鸽子!这是你的卷子。你的作文没有什么进步。这一次做得也不好。你说,'桃花的叶子长得很可爱,我愿意看它的叶子,不愿意看它的花。'这几句是很不妥的。你又说,'这一枝桃花是我去年看见过的。'这一句也不妥。"

猫博士把鸽子的卷子发还给鸽子,再拿起一份来,说道:"这是公鸡的卷子。公鸡! 你也有许多不妥的地方。让我念给你听,'桃花是开在深山里的,猫博士把它折了一枝来。'桃花不一定开在深山里,人家的院子里、田边、路旁、旷野,好多地方都有。你没有看见过吗?"

公鸡道:"深山里没有桃花吗?"

猫博士道:"当然也是有的,但不能说只在深山里有。"

猫博士说到这里,看了下胳膊上的手表,说道:"时候不早了,我不能细细地和你讲。你把卷子拿去,自己去看吧! 有许多错处,我都替你改正了。你若看不懂,再来问我。"公鸡把卷子接了过去。

猫博士把兔子和小狐狸的卷子一齐发回来,叫他们自己去看,没有说什么。

最后,猫博士才叫到我。说道:"羊儿!你这篇文,最前面一段做得最好;然而,也只有最前面一段做得对!后面越做越不对了。什么你的姐姐、你的母亲、你的祖母?如此一代一代地推上去,把你的前几代祖宗搬出来,写成这一大篇,有什么用?"

我起初听到猫博士称赞我的话很快乐;到后来听到他骂我的话,我便气得发昏。我想,后面的一大段本是后加上去的。倘若不加上那一段,岂不很好!我听父亲讲过"画蛇添足"的故事,像我这一回的事真是画蛇添足了!我懊悔得很!真不该添上这一段!

我如此想着,越想越昏。正在发昏的时候,忽听见猫博士大声说话,好像把我从梦中惊醒了。

猫博士说:"这也不能全怪你们,也要怪我不好,不该出这样的题目。这个题目的范围太狭窄了,不能多说;

多说一些，就会说到范围以外去。所以你们的成绩虽然都不好，但我给你们判分数却判得特别的宽。我很体谅你们……"

猫博士说到这里，我们都不留心听他的话，只留心去看卷子上批的分数。看见我的分数是七十五，我心里又是一喜，因为在猫博士手里，得到七十五分已经是很难的事情了！

这时候已打下课钟了，猫博士赶紧在黑板上写下课外作文的题目。这题目是：

我的家（小诗一首）

写罢，便下了课。

思考与启迪：

请联系这堂课的内容，讲一讲成语故事"画蛇添足"。

三十三

谁的家

"题目中的'家',是指你们各自的家,不是指我猫博士的家。除了鸽子,大家都弄错了。"

今天又上作文课，我们都把预先做好的卷子带了过来。我自己觉得，我这一次做得很好，希望猫博士再称赞我一番，再给我一个七十五分。

我的座位在小狐狸的右边，我就顺便伸手问小狐狸讨他的卷子看。小狐狸真是狡猾极了，他好像是预先知道了我的意思，微笑着对我说道："我的卷子不给你看，请你也不必把你的卷子给我看！我做得不好，你做得好，看了，我很没趣。"

听他这样说，我不得已把手缩了回来。刚巧这时候猫博士也已走进课堂里来，我们便各自忙着去交卷。

一首短短的诗，看起来很快。不到五分钟，猫博士就把我们几个的卷子都看完了。他给了一个总评语道："除了鸽子,大家做得都不对!"

听了这一句严厉的批评,我们大家都吓呆了,默不作声,心里很郁闷。当然,鸽子是很快乐的!

猫博士道:"你们做这个题目,把'我'字认错了。'我的家'究竟是谁的家? 小狐狸的开场一句道'我去访问猫博士,他家住在大街东';公鸡的开场一句道'猫先生,福气好,家里咸鱼多多少';小狗的最后一句道'这是谁的家? 这是我们猫先生的家';兔子的开场一句道'猫先生! 猫先生! 你的家庭真可爱';小羊的最后一句道'希望! 希望! 希望我们的家,都像猫博士的一样'。你们想想,这讲的是谁的家?"

小狐狸道:"这个当然是猫博士的家。"

猫博士道:"讲错了! 应该各自讲各自自己的家。狐狸讲狐狸自己的家,公鸡讲公鸡自己的家……题目中的'家'字,是指你们各自的家,不是指我猫博士的

家。除了鸽子,大家都弄错了。"

兔子道:"请猫先生把鸽子的诗写在黑板上,给大家看,好吗?"

猫博士道:"好!"于是他就开始写道:

我们的房子,

名叫"鸽子笼"。

一扇门朝西,

一扇门朝东。

光线又充足,

空气又流通。

冬天关了门,

屋里暖烘烘。

夏天开了门,

屋里有凉风。

有谁来参观,

  请按门上铃。

  猫博士一面写,我们一面读,读完了,我们不约而同地都称赞鸽子做得好。

  小狐狸道:"一百分!有没有一百分?"

  猫博士道:"九十八分。可惜还有一点小毛病,所以只有九十八分。把这点小毛病去掉,就是一百分了。"

  小狐狸很兴奋地问道:"小毛病在哪里?实在没有毛病!"

  小狗也道:"我也觉得很好,没有毛病!"

  猫博士道:"既然在上面说'夏天开了门,屋里有凉风',却又紧接着在下面说'有谁来参观,请按门上铃'。门既然是开着的,参观的客人来了,也就不必去按门上铃了。应该把那七、八两行和九、十两行对调一下,就行了。'冬天关了门,屋里暖烘烘',那时'有谁来参观',自然要'请按门上铃'了。"猫博士这样说着,又把黑板

上的七、八、九、十这几行抹去，重写了一遍，变成下面这个样子：

> 我家的房子，
>
> 名叫"鸽子笼"。
>
> 一扇门朝西，
>
> 一扇门朝东。
>
> 光线又充足，
>
> 空气又流通。
>
> 夏天开了门，
>
> 屋里有凉风。
>
> 冬天关了门，
>
> 屋里暖烘烘。
>
> 有谁来参观，
>
> 请按门上铃。

果然是一首好诗！猫博士重写一遍，我们重读一遍，毫不觉得厌倦，反而越读越有兴趣。可是，在这时候，下课钟已经敲响了。

思考与启迪：

试着以一首小诗，写一写你自己的家吧。

阿咪

三十四

和人类互助

"我们不要自己轻视了自己,我们要争回和人类平等的地位;同时,我们对于人类也要有贡献……"

今天上作文课，猫博士对我们说道："今天的作文，且慢出题目，让我先向你们讲一些'和人类互助'的话。我讲过话，听了我的话产生什么感想，你们随便写下来，下一次交给我。"猫博士这样开场后，就如演讲一般地讲起来，我们也如听演讲一般地听着。

我们虽然是"人类以外"的动物，但是天生万物是平等的，我们和人类应该是平等的。

人类能做的事，有些是我们做不到的；然而也有些事是人类做不到，而我们反倒做得到。比如鸽子能飞，而且飞得很远、很快。倘若叫他送信，随便哪一个人类的邮差，论脚力都不及他。我们正好利用我们的长处和人类互助。

我们不要自己轻视了自己，我们要争回和人类平等的地位；同时，我们对于人类也要有贡献。倘若我们对于人类毫无贡献，只是依赖人类，或是侵害人类，这是我们所不许的。

我们要自勉，我们的口号是："和人类互助。"

猫博士演讲完了，略停了一会儿，他又和我们讲到作文的问题。他说道：

"刚才的话是我发表我的意见，也就是供给你们作文的材料。你们听了我的话，就可以开始作文了。或是对我的话加以发挥，这是可以的；或是发表你们自己的意见，这样也可以。但要在'和人类互助'的范围以内。"

猫博士说罢，就坐下去不作声了，我们各自磨墨、掂笔，做我们的作文。

· 203 ·

大约快到下课的时候，也就是离下课不到十分钟了，我才把我的课卷誊好。我作的是一首诗。誊好后我自己复读一遍道：

> 我和人类是平等的，
> 我愿大家都很好！
> 我不愿受人类的残杀，
> 我也不和他们争吵。
> 我愿供给人们十斤羊毛，
> 愿人们供给我们十斤草。
> 羊毛可以织成呢绒，
> 草也会让我吃得饱。

我自己读罢，觉得这首诗不算坏。但不知猫博士看起来又是怎样。

下课钟响了。我交了卷，走出课堂。这时候，兔子和小狐狸还没有交卷。我想，或者，他们对于人类没有什么贡献，所以写不出吧！但也不能确定就是如此。

思考与启迪：

作为人类的我们，也应和动物和谐相处。

试写一首小诗，表达你与所喜爱的动物间美好的感情。

三十五

用数字要斟酌

"指定的数字,不可随便写。倘若不能决定是多少,就用不定的数字。如'几'字和'数'字等都是。"

今天猫博士来上作文课,果然,他报告说:"我没有收到兔子和小狐狸的卷子。"

兔子闻言,站起身来声明道:"猫先生!等到我做好时,你已走出去了。我现在交给你,好不好?"

猫博士道:"可以的。"他收了兔子的卷子,又问小狐狸道:"你的卷子呢?"小狐狸说:"没有做好。"猫博士道:"没有做好,也不要紧。但是,你要补做。"

于是猫博士发还我们的卷子。第一份就是我的。猫博士说:"羊儿!你的诗写得不算坏。但是,两个'十斤'都要删去了才行。为什么呢?因为你说供给十斤,没有时间的标准。是每天供给十斤呢?还是每个月供给十斤？还是每年供给十斤？……"

猫博士还没有说完，我就禁不住站起来质问道："把'十斤'两个字删去了，岂不是更失了数量的标准吗？猫先生！你说对不对？"

猫博士虽然受了我的质问，但他毫不发怒，也不惊慌，仍旧微笑着对我说道："是的，你的话也有几分道理。但是，在这里，时间和数量，要说便都要说；不说，索性就都不说。单说数量是不好的。索性连数量也不说，那么，在文字上就没有毛病了。"

我仔细一想，猫博士的话实在不错。我懊悔我自己太粗心了。我不该质问他，同时，却又佩服猫博士的度量大，他不因此而发怒。但是，我自己终是觉得很难过。

猫博士接着道："把五、六两行照这样一改就行了。"他一面说，一面在黑板上写了两行道：

我愿供给人们羊毛，

愿人们供给我草。

他说罢,把卷子还了我。我接着一看,居然有八十分。我很满意。

猫博士又发还小狗的卷子,说:"小狗! 你愿替人们做警察,很好! 文字上没有什么错误。"

他又发还了鸽子的卷子。说:"鸽子! 你愿替人们做邮差,也很好! 你的文字上略有错误,我已替你改正,你自己拿去看吧! "

他又发还公鸡的卷子,他说:"公鸡! 你也是用数字用得不对。你说'我在每天早晨叫五声,使人家知道是天明了',这个'五'字也是用得不妥。你每天早晨确是叫五声吗? 一声也不多,一声也不少吗?"

公鸡道:"不是! 我有时候叫十几声,有时候叫七八声……没有一定的。"

猫博士道:"那么,为什么要写叫五声呢?"

公鸡道："这是随便写的。"

猫博士道："指定的数字，不可随便写。倘若不能决定是多少，就用不定的数字。如'几'字和'数'字等都是。现在我把你这一句改成'几声'吧！以后你们用数字要斟酌，不可随便用。今天时候不早了，下一次，我再和你们讲讲'不定的数字'。现在下课吧，就要敲钟了。"

猫博士刚讲完这句话，果然下课钟就敲响了。

思考与启迪：

查字典，记住"斟酌"一词的读音和意思。请说一说数字的使用在语文和数学中的区别。

三十六

"几"字的用法

"对于比较小的数目,可以笼统地说'多点儿'。倘若要说得十分确切,那么还要说清楚'几天'。"

今天猫博士来上课,他开口就说道:"上一次和你们讲到'几'字、'数'字的用法,因为没有时间了,不曾细细地讲。今天再来和你们讲讲。'数'字和'几'字原来是一样的意思,只不过'数'字是文言,'几'字是白话罢了。现在单讲'几'字,'数'字可不必讲。你们试试看,各造一句,把'几'字用在里面。谁先造成谁先说!"

猫博士这样说完,停了一会儿。我们没有一个回答他,大家都低了头不作声。猫博士看着情形不对,只好指定某某来尝试了。他唤着小狐狸道:"小狐狸,你先来试试看!"

小狐狸站起身来说道:"我想请猫先生每次多出几

个题目，任我们挑一个做。"

猫博士道："这个'几'字用得不错……公鸡！你来试试看！"

公鸡道："我们邻家的老母鸡孵（fū）了一只小鸡，才孵成，就有几只被老鹰捉去了。"

猫博士道："不对！上面说'一只'，下面说'几只'，是大错。既然只孵了一只，又哪里来的几只被老鹰捉去？应该把'一'字和'几'字的位置对调一下……兔子！你来！"

兔子道："我有几个哥哥和几个弟弟，他们今年都已上学读书。"

猫博士道："这两个'几'字用得不妥。对于你自己的哥哥和弟弟，你应该说出确实的数目来，才能表示你与他们的亲密。只说'几'个，就含着你对于他们很疏远的意思……"

猫博士还没有说完，兔子就赶紧说道："我有三个哥

哥和两个弟弟，他们今年都已上学读书。"

猫博士道："你把确实的数目说出来是比较好了，但是，这句话，另外还有个毛病。你的哥哥，年纪当然比你大。你自己都已经上学读书了，他们当然也已经上学了，所以不能和弟弟混在一起说。应该说'我有三个哥哥，他们上学读书已经好几年了；我还有两个弟弟，他们今年也都上学读书了'。要这样说，才算不错……小狗！你来试试看！"

小狗道："几株树，几根草，几朵花，几只麻雀。"

猫博士笑道："虽然连用了四个'几'，却是不能成句的……小羊！轮到你了。"

我道："我想，再过几年，我就要进中学了。"

猫博士道："这个'几'字也用得不妥。因为你此时在小学五年级，今年秋季到小学六年级，明年秋季到中学，这是一定不移的。你应该说'再过一年多点儿，我就要进中学了'。"

我道:"'多点儿',不也是不确定吗?应该说明是几个月。"

猫博士道:"这又会太麻烦了,所以对于比较小的数目,可以笼统地说'多点儿'。倘若要说得十分确切,那么还要说清楚'几天'。你想!岂不是太麻烦了?"

我道:"是的。"

猫博士唤着鸽子道:"鸽子!最后轮到你了。"

鸽子道:"我不知道要学到几时,才会将作文做得不错。"

猫博士道:"你这个'几'字是另一种用法,是疑问的口吻。这种用法,待下次我再给你们细讲一讲。"

猫博士说到这里,刚巧敲下课钟,我们就下了课。

思考与启迪:

你在作文中表达数量时,能够恰当地区分笼统和确切的情况吗?

三十七

"几"字的又一种用法

"我们上次所讲的那个'几'字,有时候用作疑问的口吻,它有种种性质。它有时候等于'何'字,也就是等于'什么'二字;它有时候又等于'多少'二字。"

今天猫博士来上课,告诉了我们"几"字的又一种用法。

他说:"我们上次所讲的那个'几'字,有时候用作疑问的口吻,它有种种性质。它有时候等于'何'字,也就是等于'什么'二字;它有时候又等于'多少'二字。现在让我写两个例子给你们看。"他一面说,一面在黑板上写了两个例子,并用号码标明了次序。

(1)你几时到南京去游玩? =你何时到南京去游玩?

(2)你有几个弟弟? =你有多少个弟弟?

猫博士写完了例子,便叫鸽子走到黑板旁边,叫他照第二例的样子再举五句。

鸽子拿了粉笔,一面想,一面写,写了五个。

你有几支笔?

你读了几年书?

你家离这里有几里路?

你再要几年才从中学毕业?

你这本书是几角钱买来的?

猫博士看了一看,说道:"大体上都不错。"

猫博士又叫兔子走到黑板旁边,说道:"你照第一例再举五句。"兔子拿了粉笔慢慢地写道:

你几时再来看我?

你早晨几时起身？

你几时去过南京？

你几时遇见过他？

你几时才毕业？

猫博士看了一看，说道："也都不错。"

略停了一会儿，他又问道："关于'几'字的用法，你们都知道了吗？"

我和公鸡一齐答道："我们都知道了。"

猫博士又和我们说了一些别的话，直等到下课钟响了，才下课。

思考与启迪：

通过这两堂课的学习，你掌握"几"字的几种用法了吗？

解放

三十八

怎样把长文缩短

"把字数减少了,就缩短了。

但是,原来重要的意思要保留,

不可改变。"

今天猫博士来上作文课,他说道:"今天告诉你们怎样把长文缩成短文。"

小狐狸道:"长文为什么可以缩短?"

猫博士道:"把字数减少了,就缩短了。但是,原来重要的意思要保留,不可改变。"

"为什么要缩短呢?"

"缩短了,就比较简便了,叫读者读起来不觉得麻烦。"

"把字数减少了,原意真的可以不改变吗?"

"真的可以不改变。让我写一个例子给你看,你就知道了。"

猫博士说到这里，就拿粉笔在黑板上写起例子来：

一个很好的春天的下午，天刚刚晴了，地上长满了草，草上的雨水还没有干。我和我的弟弟在草地上打球，很是快乐。打了一会儿，打得倦了，球也滚入沟里去了。

我们向渔翁借了网来捞球。球没有捞到。你猜捞到了什么？哈哈！捞到了一条大鱼！

猫博士写完了，又数了数，说道："一共有九十五个字。现在你们看，我怎样来将它缩短！"他这样说着，就把预备删去的字在下边加了一个小圆点。前面的两段文就成了下面的样子：

一个很好的春天的下午，天刚刚晴了，地上长满了草，草上的雨水还没有干。我和我的弟弟在草

地上打球,很是快乐。打了一会儿,打得倦了,球也滚入沟里去了。

我们向渔翁借了网来捞球。球没有捞到。你猜捞到了什么?哈哈!捞到了一条大鱼!

猫博士道:"你们看!下边有小圆点的字都可删去。一共可删去二十七个字。九十五个字中删去二十七个,差不多删去了三分之一。现在你们把下边有小圆点的字去掉,把其余的字照抄下来,看是怎样!"

我们听了这话,都把铅笔拿出来,照着黑板上抄。我把铅笔用刀削尖了,很兴奋地抄。不多一会儿便抄完了,我试着读了读:

一个春天的下午,天刚刚晴了,草上的雨水还没有干。我和弟弟在草地上打球,打了一会儿,球滚入沟里去了。我们向渔翁借了网来捞球。球没有捞到。哈哈！捞到了一条大鱼！

这时候，小狐狸也抄完了，他还读给猫博士听。猫博士道："很好！你抄得不错。我想，你们大家抄得都不错。这就是把长文缩成短文的方法。你们明白了这个道理，将来作文，可以得到许多的便利。"

小狐狸道："长文既然可以缩短，那短文也可以伸长吗？"

猫博士道："这当然是可以的。你们遇到需要时，也可以把短文伸长。"

鸽子道："请猫先生举个例子看！"猫博士道："这不必另外举例，只把前例反转来看就行了。"

小狗道："也无妨另举一个例子。"我也想要求猫博士另举一个例子，但是，话还没有说出口，已经打下课钟了，猫博士就在"叮当"的钟声中走出了课堂。

思考与启迪：

　　删去的加点文字在原文中有什么功能？这段文字还能进一步缩短吗？

三十九

再缩短一些

"你们看！把下边有小圆点的字再删去了，不是更短了吗？但是，原来的最重要的意思还是没有改变。"

这一次猫博士来上作文课，我们大家缠着他，要他教我们怎样把短文改为长文。猫博士道："这且慢说。上一次关于'缩短'的话还没有说完，今天正好接下去说。"

小狐狸道："已经说完了，猫先生不要骗我们！"小兔子道："就请他接下去说，看他再说出什么。"小狐狸暗暗地笑，表示他料定猫博士再说不出什么了。

谁知猫博士全不理会他们的话，只管自己拿粉笔在黑板上写道：

一个春天的下午，天刚刚晴了，草上的雨水还没有干。我和弟弟在草地上打球，打了一会儿，球滚入沟里去了。我们向渔翁借了网来捞球，球没有捞到。哈哈！捞到了一条大鱼！

他写完了，回过头来，对我们说道："你们看！把下边有小圆点的字再删去了，不是更短了吗？但是，原来的最重要的意思还是没有改变。"小狐狸和小兔子看了，都觉得很奇怪，一句话也没得说。这时候，猫博士忽然叫我道："羊儿！你走过来，把它照抄一遍，但把下边有小圆点的字删去。"我就走到黑板旁边，照猫博士的吩咐，拿粉笔把这段文字抄在黑板上。

一个春天的下午，我和弟弟在草地上打球，球滚入沟里去了。我们向渔翁借了网来捞球。哈哈！捞到了一条大鱼！

我写完了，猫博士就从我的手里把粉笔接了过去，再在

下面加小圆点。他加得极快,不多一刻,就加成下面的样子。

一个春天的下午,我和弟弟在草地上打球,球滚入沟里去了。我们向渔翁借了网来捞球。哈哈!捞到了一条大鱼!

猫博士回过头来对我们说道:"又删去了八个字。"小狐狸道:"猫先生!还能再缩短吗?"猫博士道:"也可以!但是,要由白话渐渐地变成文言,且要更改几个字。好了,现在不多说了。"猫博士说着,鸽子和小狐狸又提出"怎样把短文改为长文"的要求。猫博士还是不答应举例给我们看。如此闹了很久,直闹到敲了下课钟为止。

思考与启迪:

仔细对比这两堂课的两次缩写,思索一下要达到原意不变的要求,缩写时要保留哪些要素?

四十

一天,两天……

"到那天我想说一些笑话给你们听。你们若爱听笑话,那就一定要来。"

今天猫博士来上作文课,小鸽子还是闹着"怎样把短文改为长文"的问题。猫博士慢慢地说道:"我早已讲过,你们把前例反转来看就行了。这是你们自己练习的工作,不必要我教你们的。我现在正要写一段短文,要你们把它改长。这算是一次作文,是要计算分数的。"猫博士说着,就在黑板上写起来。

小鸽子刚从蛋壳里跑出来时,只和鸽蛋一般大小。一天,两天……一个月,两个月……小鸽子慢慢地长大起来,长得和他的母亲一样大了。

猫博士写好了，唤着鸽子道："小鸽子！你先来试一试！"

小鸽子气极了！睁圆了眼睛对小狐狸道："这是你不好！你首先和猫博士胡闹，我不过是跟着你闹。现在他不怪你，专怪起我来了。"

狐狸道："我替你试改吧！好不好？"

鸽子道："好！好！谢谢你！"

猫博士看见小狐狸自告奋勇，料定他要胡闹，便很严厉地禁止他道："我叫鸽子试改，没有叫你，你不能代替。你奵奵坐着！鸽子走过来！"

鸽子被逼着走过去，拿了粉笔在手里，足足想了五分钟，还是没有想出一个字来。我们大家都替他着急。当然，猫博士是故意和他为难的。他想不出，猫博士仍旧要他想，不肯喊别人去尝试。大约除了小狐狸，也没有别人愿意去尝试！这个题目是一个难题目，不但鸽子觉得头痛，我们人家都觉得头痛，只有小狐狸是例外。

又过了五分钟，不知怎的，鸽子一下子想出来了。他拿着粉笔在黑板上写，写得飞快！我留心一看，原来是：

小鸽子刚从蛋壳里跑出来时，只和鸽蛋一般大小。一天，两天，三天，四天，五天，六天，七天，八天，九天，十天，十一天，十二天，十三天，十四天，十五天，就是半个月，从此一个月，两个月，三个月，四个月，五个月，六个月……

鸽子只管这样写下去，我们大家都忍不住笑，笑得抬不起头来。连猫博士自己也笑起来了。他只好止住鸽子让他不要写，说道："你不必写下去了。你写得很好，我可以给你一百分减一分。你读读看！一分，两分，三分，四分，五分，六分，七分，八分，九分，十分，十一分……"

这时候鸽子停止了写,也不作声。我们大家都笑得说不出话来。小狐狸却大喊着鸽子道:"鸽子!快读啊!快读!"于是小狗也加入说话了,小兔子也发议论了,大家你一句,我一句,秩序已经乱了。

忽听见猫博士大声叫道:"下星期还有一堂课,就要大考了。"我们听见"大考"二字,立刻静了下来。猫博士趁此机会,自己转问道:"今天的尝试,本来是当成作文的,要算分数的。只因考期将近,这最后一次作文,就免掉吧!下星期还有一堂课,只是随便讲讲罢了,这个学期就算结束了。"

我们听见这话,自然都很欢喜。公鸡问道:"下星期还有一堂课,可以不上吗?"

猫博士道:"上还是要上的,只不过轻松些。到那天我想说一些笑话给你们听。你们若爱听笑话,那就一定要来。"

于是我们都嚷着道:"我们愿意来的,请猫先生务必

要讲笑话!"

　　下课钟响了,我们就在喧哗声中下了课。

思考与启迪:

　　扩写应该让文章更加充实、生动、形象,你觉得鸽子的这次扩写成功吗?

四十一

四季诗

"你们要把这个笑话当'殷鉴';你们将来作文时,不要闹出同样的笑话来。"

今天是本学期的最后一次作文课。猫博士来上课，我们大家都要求他履行前言，讲些笑话。

猫博士道："我上次答应了你们要讲的，今天无论如何我总要讲。现在差不多要放暑假了，我就想到一年的春、夏、秋、冬四季过得如此快！我因为想到了春、夏、秋、冬四季，就作了一首《四季诗》，现在写给你们看！"他说着，就回转身去，在黑板上写道：

春假一星期，

夏假六星期，

秋假全没有，

冬假两星期。

他说:"你们看！把'春''夏''秋''冬'四个字嵌在每句的头上,从上至下读下来,就是'春夏秋冬'……"

小狐狸道:"只有'暑假',没有'夏假';只有'寒假',没有'冬假'。猫先生弄错了吗?"

猫博士道:"只因为要将头上的四个字支配排列得整齐,就乱改一阵,这才算笑话。不然,便不算笑话了。从前有个诗人,他的父亲死了,不久,他的母亲又死了。他就作了一首诗道:

前月父亲死,

本月母亲亡。

下月自己毙,

全家一扫光。

"他的朋友问他说:'你何以知道下月你自己要死?'他答道:'未必死,但是我只好这样说;倘若不这样说,我的诗怎样作得成?'他的朋友叹道:'唉!何必要为了作一首诗,牺牲全家的生命?'他却答道:'我们的生命,绝没有一百岁,但是,诗却是千载不朽的。'你们看!这个笑话,岂不是一个大笑话吗?我的《四季诗》不过也是这样的一个笑话罢了。你们要我讲笑话,我就讲笑话。但是,你们要把这个笑话当'殷鉴'(yīnjiàn);你们将来作文时,不要闹出同样的笑话来。好!笑话讲完了,早点下课吧!下星期准备大考了。"

思考与启迪:

殷鉴:借鉴的意思。出自《诗经·大雅·荡》:"殷鉴不远,在夏后之世。"意思是殷人灭夏,殷人的子孙,应该以夏的灭亡作为鉴戒。

本书中,猫博士指出的种种错误,你也当作"殷鉴"吧。

请尝试作一首《四季诗》,写出你心目中的四季之美。

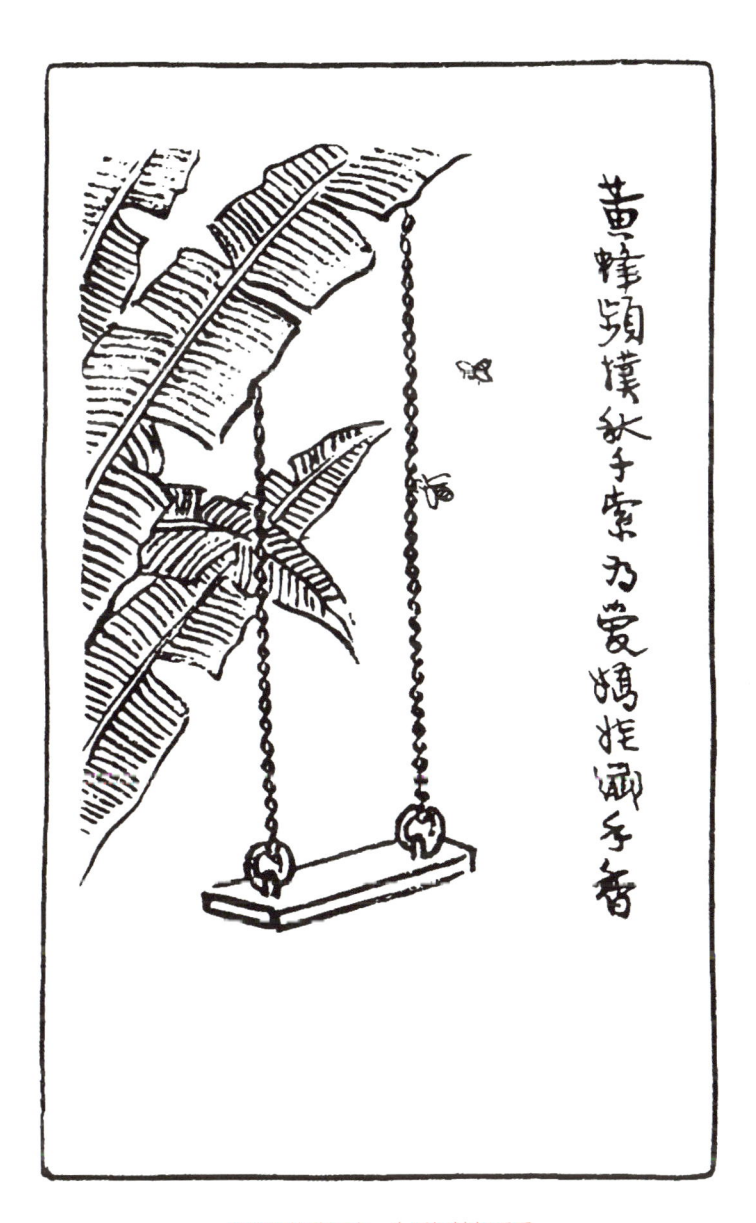

黄蜂频扑秋千索　为爱娇娃纤手香